TRANZLATY

El idioma es para todos

Jezik je za vse

El Manifiesto Comunista

Komunistični Manifest

Karl Marx
&
Friedrich Engels

Español / Slovenščina

Copyright © 2025 Tranzlaty
All rights reserved.
Published by Tranzlaty
ISBN: 978-1-80572-440-7
Original text by Karl Marx and Friedrich Engels
The Communist Manifesto
First published in 1848
www.tranzlaty.com

Introducción
Uvod

Un fantasma acecha a Europa: el fantasma del comunismo
Evropo preganja duh – duh komunizma
Todas las potencias de la vieja Europa han entrado en una santa alianza para exorcizar este fantasma
Vse sile stare Evrope so sklenile sveto zavezništvo, da bi izgnale ta duh
El Papa y el Zar, Metternich y Guizot, los radicales franceses y los espías de la policía alemana
Papež in car, Metternich in Guizot, francoski radikalci in nemški policijski vohuni
¿Dónde está el partido en la oposición que no ha sido tachado de comunista por sus adversarios en el poder?
Kje je stranka v opoziciji, ki je nasprotniki na oblasti niso obsodili kot komunistično
¿Dónde está la Oposición que no haya devuelto el reproche de marca al comunismo contra los partidos de oposición más avanzados?
Kje je opozicija, ki ni vrgla nazaj očitka komunizma proti naprednejšim opozicijskim strankam?
¿Y dónde está el partido que no ha hecho la acusación contra sus adversarios reaccionarios?
In kje je stranka, ki ni obtožila svojih reakcionarnih nasprotnikov?
Dos cosas resultan de este hecho
Iz tega dejstva izhajata dve stvari
I. El comunismo es ya reconocido por todas las potencias europeas como una potencia en sí misma
I. Vse evropske sile že priznavajo, da je komunizem sila
II. Ya es hora de que los comunistas publiquen abiertamente, a la vista de todo el mundo, sus puntos de vista, sus objetivos y sus tendencias
II. Skrajni čas je, da komunisti odkrito in pred vsem svetom objavijo svoja stališča, cilje in težnje

deben hacer frente a este cuento infantil del Espectro del Comunismo con un Manifiesto del propio partido

s to otroško zgodbo o duhu komunizma se morajo soočiti z manifestom same stranke

Con este fin, comunistas de diversas nacionalidades se han reunido en Londres y han esbozado el siguiente Manifiesto

V ta namen so se v Londonu zbrali komunisti različnih narodnosti in skicirali naslednji manifest

El presente manifiesto se publicará en inglés, francés, alemán, italiano, flamenco y danés

ta manifest bo objavljen v angleškem, francoskem, nemškem, italijanskem, flamskem in danskem jeziku

Y ahora se publicará en todos los idiomas que ofrece Tranzlaty

In zdaj bo objavljen v vseh jezikih, ki jih ponuja Tranzlaty

La burguesía y los proletarios
Buržoazija in proletarci
La historia de todas las sociedades existentes hasta ahora es la historia de las luchas de clases
Zgodovina vseh doslej obstoječih družb je zgodovina razrednih bojev
Hombre libre y esclavo, patricio y plebeyo, señor y siervo, maestro de gremio y oficial
Svobodnjak in suženj, patricij in plebejec, gospodar in tlačan, cehovski gospodar in popotnik
en una palabra, opresor y oprimido
z eno besedo, zatiralec in zatirani
Estas clases sociales estaban en constante oposición entre sí
ti družbeni razredi so si nenehno nasprotovali
Llevaron a cabo una lucha ininterrumpida. Ahora oculto, ahora abierto
nadaljevali so neprekinjen boj. Zdaj skrito, zdaj odprto
una lucha que terminó en una reconstitución revolucionaria de la sociedad en general
boj, ki se je končal z revolucionarno obnovo družbe na splošno
o una lucha que terminó en la ruina común de las clases contendientes
ali boj, ki se je končal s skupnim propadom nasprotujočih si razredov
Echemos la vista atrás a las épocas anteriores de la historia
Oglejmo se nazaj v zgodnejša obdobja zgodovine
Encontramos casi en todas partes una complicada organización de la sociedad en varios órdenes
skoraj povsod najdemo zapleteno ureditev družbe v različne rede
Siempre ha habido una múltiple gradación de rango social
vedno je obstajala mnogovrstna stopnjevanje družbenega položaja
En la antigua Roma tenemos patricios, caballeros, plebeyos, esclavos
V starem Rimu imamo patricije, viteze, plebejce, sužnje

en la Edad Media: señores feudales, vasallos, maestros de gremios, oficiales, aprendices, siervos

v srednjem veku: fevdalci, vazali, cehovski mojstri, popotniki, vajenci, tlačani

En casi todas estas clases, de nuevo, las gradaciones subordinadas

v skoraj vseh teh razredih, spet, podrejene stopnje

La sociedad burguesa moderna ha brotado de las ruinas de la sociedad feudal

Sodobna buržoazna družba je zrasla iz ruševin fevdalne družbe

Pero este nuevo orden social no ha eliminado los antagonismos de clase

Toda ta novi družbeni red ni odpravil razrednih nasprotij

No ha hecho más que establecer nuevas clases y nuevas condiciones de opresión

Vzpostavila je le nove razrede in nove pogoje zatiranja

Ha establecido nuevas formas de lucha en lugar de las antiguas

namesto starih je vzpostavila nove oblike boja

Sin embargo, la época en la que nos encontramos posee un rasgo distintivo

Vendar pa ima obdobje, v katerem se nahajamo, eno značilnost

la época de la burguesía ha simplificado los antagonismos de clase

epoha buržoazije je poenostavila razredne antagonizme

La sociedad en su conjunto se divide cada vez más en dos grandes campos hostiles

Družba kot celota se vse bolj deli na dva velika sovražna tabora

dos grandes clases sociales enfrentadas directamente: la burguesía y el proletariado

dva velika družbena razreda, ki sta neposredno nasprotna drug drugemu: buržoazija in proletariat

De los siervos de la Edad Media surgieron los burgueses de las primeras ciudades
Iz sužnjev srednjega veka so zrasli pooblaščeni meščani najzgodnejših mest
A partir de estos burgueses se desarrollaron los primeros elementos de la burguesía
Iz teh meščanov so se razvili prvi elementi buržoazije
El descubrimiento de América y el doblamiento del Cabo
Odkritje Amerike in zaokrožitev rta
estos acontecimientos abrieron un nuevo terreno para la burguesía en ascenso
ti dogodki so odprli novo podlago za naraščajočo buržoazijo
Los mercados de las Indias Orientales y China, la colonización de América, el comercio con las colonias
Vzhodnoindijski in kitajski trgi, kolonizacija Amerike, trgovina s kolonijami
el aumento de los medios de cambio y de las mercancías en general
povečanje menjalnih sredstev in blaga na splošno
Estos acontecimientos dieron al comercio, a la navegación y a la industria un impulso nunca antes conocido
Ti dogodki so trgovini, navigaciji in industriji dali impulz, ki ga prej nismo poznali
Dio un rápido desarrollo al elemento revolucionario en la tambaleante sociedad feudal
Omogočila je hiter razvoj revolucionarnega elementa v nestabilni fevdalni družbi
Los gremios cerrados habían monopolizado el sistema feudal de producción industrial
zaprti cehi so monopolizirali fevdalni sistem industrijske proizvodnje
Pero esto ya no bastaba para satisfacer las crecientes necesidades de los nuevos mercados
vendar to ni več zadostovalo za naraščajoče potrebe novih trgov

El sistema manufacturero sustituyó al sistema feudal de la industria

Proizvodni sistem je nadomestil fevdalni sistem industrije

Los maestros de gremio fueron empujados a un lado por la clase media manufacturera

Cehovske mojstre je na eno stran potisnil proizvodni srednji razred

La división del trabajo entre los diferentes gremios corporativos desapareció

delitev dela med različnimi korporativnimi cehi je izginila

La división del trabajo penetraba en cada uno de los talleres

delitev dela je prodrla v vsako posamezno delavnico

Mientras tanto, los mercados seguían creciendo y la demanda seguía aumentando

Medtem so trgi nenehno rasli, povpraševanje pa je vedno naraščalo

Ni siquiera las fábricas bastaban para satisfacer las demandas

Tudi tovarne niso več zadostovale za izpolnjevanje zahtev

A partir de entonces, el vapor y la maquinaria revolucionaron la producción industrial

Nato so para in stroji revolucionirali industrijsko proizvodnjo

El lugar de la manufactura fue ocupado por el gigante, la Industria Moderna

Mesto proizvodnje je prevzela velikan, sodobna industrija

El lugar de la clase media industrial fue ocupado por millonarios industriales

mesto industrijskega srednjega razreda so prevzeli industrijski milijonarji

el lugar de los jefes de ejércitos industriales enteros fue ocupado por la burguesía moderna

mesto voditeljev celotnih industrijskih vojsk je prevzela sodobna buržoazija

el descubrimiento de América allanó el camino para que la industria moderna estableciera el mercado mundial

odkritje Amerike je utrlo pot sodobni industriji, da vzpostavi
svetovni trg
**Este mercado dio un inmenso desarrollo al comercio, la
navegación y la comunicación por tierra**
Ta trg je omogočil ogromen razvoj trgovine, plovbe in
komunikacije po kopnem
**Este desarrollo ha repercutido, en su momento, en la
extensión de la industria**
Ta razvoj se je v svojem času odzval na širitev industrije
**Reaccionó en proporción a cómo se extendía la industria, y
cómo se extendían el comercio, la navegación y los
ferrocarriles**
odzval se je sorazmerno s tem, kako se je industrija razširila in
kako so se trgovina, plovba in železnice razširile
**en la misma proporción en que la burguesía se desarrolló,
aumentó su capital**
v enakem razmerju, v katerem se je razvila buržoazija, so
povečali svoj kapital
**y la burguesía relegó a un segundo plano a todas las clases
heredadas de la Edad Media**
in buržoazija je potisnila v ozadje vsak razred, ki se je izrekel
iz srednjega veka
**por lo tanto, la burguesía moderna es en sí misma el
producto de un largo curso de desarrollo**
zato je sodobna buržoazija sama produkt dolgega razvoja
**Vemos que es una serie de revoluciones en los modos de
producción y de intercambio**
Vidimo, da gre za vrsto revolucij v načinih proizvodnje in
izmenjave
**Cada paso de la burguesía desarrollista iba acompañado de
un avance político correspondiente**
Vsak razvojni korak buržoazije je spremljal ustrezen politični
napredek
Una clase oprimida bajo el dominio de la nobleza feudal
Zatirani razred pod vplivom fevdalnega plemstva
una asociación armada y autónoma en la comuna medieval

oboroženo in samoupravno združenje v srednjeveški komuni
aquí, una república urbana independiente (como en Italia y Alemania)
tukaj neodvisna mestna republika (kot v Italiji in Nemčiji)
allí, un "tercer estado" imponible de la monarquía (como en Francia)
tam obdavčljiva "tretja lastnost" monarhije (kot v Franciji)
posteriormente, en el período de fabricación propiamente dicho
pozneje, v obdobju lastne proizvodnje
la burguesía servía a la monarquía semifeudal o a la monarquía absoluta
buržoazija je služila bodisi polfevdalni ali absolutni monarhiji
o la burguesía actuaba como contrapeso contra la nobleza
ali pa je buržoazija delovala kot protiutež plemstvu
y, de hecho, la burguesía era una piedra angular de las grandes monarquías en general
in dejansko je bila buržoazija temeljni kamen velikih monarhij na splošno
pero la industria moderna y el mercado mundial se establecieron desde entonces
toda sodobna industrija in svetovni trg sta se od takrat uveljavila
y la burguesía ha conquistado para sí el dominio político exclusivo
in buržoazija si je osvojila izključno politično oblast
logró esta influencia política a través del Estado representativo moderno
ta politični vpliv je dosegla prek sodobne predstavniške države
Los ejecutivos del Estado moderno no son más que un comité de gestión
Izvršilni organi sodobne države so le upravni odbor
y manejan los asuntos comunes de toda la burguesía
in upravljajo skupne zadeve celotne buržoazije

La burguesía, históricamente, ha desempeñado un papel muy revolucionario
Buržoazija je zgodovinsko gledano igrala najbolj revolucionarno vlogo
Dondequiera que se impuso, puso fin a todas las relaciones feudales, patriarcales e idílicas
Kjerkoli je dobila prevlado, je končala vse fevdalne, patriarhalne in idilične odnose
Ha roto sin piedad los abigarrados lazos feudales que unían al hombre con sus "superiores naturales"
Neusmiljeno je raztrgala pestre fevdalne vezi, ki so človeka povezovale z njegovimi »naravnimi nadrejenimi«
y no ha dejado ningún nexo entre el hombre y el hombre, más allá del puro interés propio
in ni ostala nobena povezava med človekom in človekom, razen golega lastnega interesa
Las relaciones del hombre entre sí se han convertido en nada más que un cruel "pago en efectivo"
Človeški odnosi med seboj niso postali nič drugega kot brezobzirno »gotovinsko plačilo«
Ha ahogado los éxtasis más celestiales del fervor religioso
Utopila je najbolj nebeške ekstaze verske gorečnosti
ha ahogado el entusiasmo caballeresco y el sentimentalismo filisteo
utopil je viteško navdušenje in meščanski sentimentalizem
ha ahogado estas cosas en el agua helada del cálculo egoísta
Te stvari je utopil v ledeni vodi egoistične preračunljivosti
Ha resuelto el valor personal en valor de cambio
Osebno vrednost je spremenila v zamenljivo vrednost
Ha sustituido a las innumerables e imprescriptibles libertades estatutarias
nadomestila je nešteto in neodtujljivih svoboščin
y ha establecido una libertad única e inconcebible; Libre cambio
in vzpostavila je enotno, nevestno svobodo; Prosta trgovina
En una palabra, lo ha hecho para la explotación

Z eno besedo, to je storila za izkoriščanje
explotación velada por ilusiones religiosas y políticas
izkoriščanje, zakrito z verskimi in političnimi iluzijami
explotación velada por una explotación desnuda,
desvergonzada, directa, brutal
izkoriščanje, zastrto z golim, nesramnim, neposrednim,
brutalnim izkoriščanjem
la burguesía ha despojado de la aureola a todas las
ocupaciones anteriormente honradas y veneradas
buržoazija je odstranila oreol z vsakega prej častnega in
spoštovanega poklica
el médico, el abogado, el sacerdote, el poeta y el hombre de
ciencia
zdravnik, odvetnik, duhovnik, pesnik in človek znanosti
Ha convertido a estos distinguidos trabajadores en sus
trabajadores asalariados
te ugledne delavce je spremenila v plačane mezdne delavce
La burguesía ha rasgado el velo sentimental de la familia
Buržoazija je odtrgala sentimentalno tančico od družine
y ha reducido la relación familiar a una mera relación
monetaria
in družinsko razmerje je zmanjšalo na zgolj denarno razmerje
el brutal despliegue de vigor en la Edad Media que tanto
admiran los reaccionarios
brutalni prikaz moči v srednjem veku, ki ga reakcionisti tako
občudujejo
Aun esto encontró su complemento adecuado en la más
perezosa indolencia
Tudi to je našlo svoje primerno dopolnilo v najbolj lenobni
lenobnosti
La burguesía ha revelado cómo sucedió todo esto
Buržoazija je razkrila, kako se je vse to zgodilo
La burguesía ha sido la primera en mostrar lo que la
actividad del hombre puede producir
Buržoazija je bila prva, ki je pokazala, kaj lahko prinese
človeška dejavnost

Ha logrado maravillas que superan con creces las pirámides egipcias, los acueductos romanos y las catedrales góticas
Dosegel je čudeže, ki daleč presegajo egipčanske piramide, rimske akvadukte in gotske stolnice
y ha llevado a cabo expediciones que han hecho sombra a todos los antiguos Éxodos de naciones y cruzadas
in izvajala je odprave, ki so zasenčile vse prejšnje eksoduse narodov in križarske vojne
La burguesía no puede existir sin revolucionar constantemente los instrumentos de producción
Buržoazija ne more obstajati, ne da bi nenehno revolucionirala proizvodne instrumente
y, por lo tanto, no puede existir sin sus relaciones con la producción
in zato ne more obstajati brez svojih odnosov do proizvodnje
y, por lo tanto, no puede existir sin sus relaciones con la sociedad
in zato ne more obstajati brez svojih odnosov do družbe
Todas las clases industriales anteriores tenían una condición en común
Vsi prejšnji industrijski razredi so imeli en skupni pogoj
Confiaban en la conservación de los antiguos modos de producción
zanašali so se na ohranjanje starih načinov proizvodnje
pero la burguesía trajo consigo una dinámica completamente nueva
vendar je buržoazija s seboj prinesla popolnoma novo dinamiko
Revolucionar constantemente la producción y perturbar ininterrumpidamente todas las condiciones sociales
Nenehno revolucioniranje proizvodnje in neprekinjeno motenje vseh družbenih razmer
esta eterna incertidumbre y agitación distingue a la época burguesa de todas las anteriores
ta večna negotovost in vznemirjenost ločuje buržoazno obdobje od vseh prejšnjih

Las relaciones previas con la producción vinieron acompañadas de antiguos y venerables prejuicios y opiniones

prejšnji odnosi s proizvodnjo so prišli s starodavnimi in častitljivimi predsodki in mnenji

Pero todas estas relaciones fijas y congeladas son barridas

Toda vsi ti fiksni, hitro zamrznjeni odnosi so odstranjeni

Todas las relaciones recién formadas se vuelven anticuadas antes de que puedan osificarse

Vsi novonastali odnosi postanejo zastareli, preden lahko okostenejo

Todo lo que es sólido se derrite en el aire, y todo lo que es santo es profanado

Vse, kar je trdno, se stopi v zrak in vse, kar je sveto, je oskrunjeno

El hombre se ve finalmente obligado a afrontar con sus sentidos sobrios sus verdaderas condiciones de vida

človek je končno prisiljen soočiti se s svojimi resničnimi življenjskimi pogoji s treznimi čuti

y se ve obligado a afrontar sus relaciones con los de su especie

in prisiljen je soočiti se s svojimi odnosi s svojo vrsto

La burguesía necesita constantemente ampliar sus mercados para sus productos

Buržoazija mora nenehno širiti svoje trge za svoje izdelke

y, debido a esto, la burguesía es perseguida por toda la superficie del globo

in zaradi tega buržoazijo preganjajo po celotni površini sveta

La burguesía debe anidar en todas partes, establecerse en todas partes, establecer conexiones en todas partes

Buržoazija se mora povsod ugnezditi, povsod naseliti, povsod vzpostaviti povezave

La burguesía debe crear mercados en todos los rincones del mundo para explotar

Buržoazija mora ustvariti trge v vsakem kotičku sveta, ki ga bo lahko izkoriščala

**La producción y el consumo en todos los países han
adquirido un carácter cosmopolita**

proizvodnja in poraba v vsaki državi sta dobili svetovljanski
značaj

**el disgusto de los reaccionarios es palpable, pero ha
continuado a pesar de todo**

žalost reakcionistov je otipljiva, vendar se je kljub temu
nadaljevala

**La burguesía ha sacado de debajo de los pies de la industria
el terreno nacional en el que se encontraba**

Buržoazija je izpod nog industrije potegnila nacionalno
podlago, na kateri je stala

**Todas las industrias nacionales de vieja data han sido
destruidas, o están siendo destruidas diariamente**

Vse stare nacionalne industrije so bile uničene ali pa se
uničujejo vsak dan

**Todas las viejas industrias nacionales son desplazadas por
las nuevas industrias**

vse stare nacionalne industrije so izrinjene z novimi
industrijami

**Su introducción se convierte en una cuestión de vida o
muerte para todas las naciones civilizadas**

njihova uvedba postane vprašanje življenja in smrti za vse
civilizirane narode

**son desalojados por industrias que ya no trabajan con
materia prima autóctona**

izrinjajo jih industrije, ki ne obdelujejo več domačih surovin

**En cambio, estas industrias extraen materias primas de las
zonas más remotas**

namesto tega te industrije črpajo surovine iz najbolj oddaljenih
območij

**industrias cuyos productos se consumen, no solo en el país,
sino en todos los rincones del mundo**

industrije, katerih izdelki se porabijo, ne samo doma, ampak v
vseh delih sveta

En lugar de las viejas necesidades, satisfechas por las
producciones del país, encontramos nuevas necesidades
Namesto starih potreb, zadovoljenih s proizvodnjo države,
najdemo nove želje
Estas nuevas necesidades requieren para su satisfacción los
productos de tierras y climas lejanos
Te nove potrebe za svoje zadovoljevanje zahtevajo izdelke
oddaljenih dežel in podnebja
En lugar de la antigua reclusión y autosuficiencia local y
nacional, tenemos el comercio
Namesto stare lokalne in nacionalne osamljenosti in
samozadostnosti imamo trgovino
intercambio internacional en todas las direcciones;
Interdependencia universal de las naciones
mednarodna izmenjava v vseh smereh; univerzalna
soodvisnost narodov
Y así como dependemos de los materiales, también
dependemos de la producción intelectual
in tako kot smo odvisni od materialov, smo odvisni od
intelektualne proizvodnje
Las creaciones intelectuales de las naciones individuales se
convierten en propiedad común
Intelektualne stvaritve posameznih narodov postanejo skupna
lastnina
La unilateralidad nacional y la estrechez de miras se vuelven
cada vez más imposibles
Nacionalna enostranskost in ozkoglednost postajata vse bolj
nemogoča
y de las numerosas literaturas nacionales y locales, surge una
literatura mundial
in iz številnih nacionalnih in lokalnih literatur izhaja svetovna
literatura
por el rápido perfeccionamiento de todos los instrumentos
de producción
s hitrim izboljšanjem vseh proizvodnih instrumentov
por los medios de comunicación inmensamente facilitados

z izjemno olajšanimi komunikacijskimi sredstvi

La burguesía atrae a todos (incluso a las naciones más bárbaras) a la civilización

Buržoazija v civilizacijo pritegne vse (tudi najbolj barbarske narode)

Los precios baratos de sus mercancías; la artillería pesada que derriba todas las murallas chinas

Nizke cene njenega blaga; težko topništvo, ki ruši vse kitajske zidove

El odio intensamente obstinado de los bárbaros hacia los extranjeros se ve obligado a capitular

Močno trmasto sovraštvo barbarov do tujcev je prisiljeno kapitulirati

Obliga a todas las naciones, bajo pena de extinción, a adoptar el modo de producción burgués

Prisili vse narode, da pod grožnjo izumrtja sprejmejo buržoazijski način proizvodnje

los obliga a introducir lo que llama civilización en su seno

prisili jih, da v svojo sredino uvedejo tisto, kar imenuje civilizacija

La burguesía obliga a los bárbaros a convertirse ellos mismos en burgueses

Buržoazija prisili barbare, da sami postanejo buržoazija

en una palabra, la burguesía crea un mundo a su imagen y semejanza

z eno besedo, buržoazija ustvarja svet po svoji podobi

La burguesía ha sometido el campo al dominio de las ciudades

Buržoazija je podeželje podredila vladavini mest

Ha creado enormes ciudades y ha aumentado considerablemente la población urbana

Ustvaril je ogromna mesta in močno povečal mestno prebivalstvo

Rescató a una parte considerable de la población de la idiotez de la vida rural

rešila je precejšen del prebivalstva pred idiotizmom
podeželskega življenja

pero ha hecho que los del campo dependan de las ciudades
vendar so tisti na podeželju postali odvisni od mest
**y asimismo, ha hecho que los países bárbaros dependan de
los civilizados**
prav tako so barbarske države postale odvisne od civiliziranih
**naciones de campesinos sobre naciones de la burguesía, el
Este sobre el Oeste**
narodi kmetov na narodih buržoazije, vzhod na zahodu
**La burguesía suprime cada vez más el estado disperso de la
población**
Buržoazija vse bolj odpravlja razpršeno stanje prebivalstva
**Ha aglomerado la producción y ha concentrado la propiedad
en pocas manos**
Ima aglomerirano proizvodnjo in koncentrirano lastnino v
nekaj rokah
**La consecuencia necesaria de esto fue la centralización
política**
Nujna posledica tega je bila politična centralizacija
**Había habido naciones independientes y provincias poco
conectadas**
obstajali so neodvisni narodi in ohlapno povezane province
**Tenían intereses, leyes, gobiernos y sistemas tributarios
separados**
imeli so ločene interese, zakone, vlade in davčne sisteme
**pero se han agrupado en una sola nación, con un solo
gobierno**
vendar so postali združeni v en narod, z eno vlado
**Ahora tienen un interés nacional de clase, una frontera y un
arancel aduanero**
zdaj imajo en nacionalni razredni interes, eno mejo in eno
carinsko tarifo
**Y este interés nacional de clase está unificado bajo un solo
código de leyes**

in ta nacionalni razredni interes je združen v enem samem pravnem zakoniku

la burguesía ha logrado mucho durante su gobierno de apenas cien años

buržoazija je dosegla veliko v svoji vladavini, ki je trajala komaj sto let

fuerzas productivas más masivas y colosales que todas las generaciones precedentes juntas

bolj masivne in ogromne proizvodne sile kot vse prejšnje generacije skupaj

Las fuerzas de la naturaleza están subyugadas a la voluntad del hombre y su maquinaria

Naravne sile so podrejene volji človeka in njegovih strojev

La química se aplica a todas las formas de industria y tipos de agricultura

Kemija se uporablja v vseh oblikah industrije in vrstah kmetijstva

la navegación a vapor, los ferrocarriles, los telégrafos eléctricos y la imprenta

parna plovba, železnice, električni telegrafi in tiskarski stroj

desbroce de continentes enteros para el cultivo, canalización de ríos

čiščenje celih celin za pridelavo, kanalizacija rek

Poblaciones enteras han sido sacadas de la tierra y puestas a trabajar

Cele populacije so bile pričarane iz tal in dane na delo

¿Qué siglo anterior tuvo siquiera un presentimiento de lo que podría desencadenarse?

Katero prejšnje stoletje je imelo celo slutnjo o tem, kaj bi se lahko sprožilo?

¿Quién predijo que tales fuerzas productivas dormitaban en el regazo del trabajo social?

Kdo je napovedal, da bodo takšne proizvodne sile dremale v naročju družbenega dela?

Vemos, pues, que los medios de producción y de intercambio se generaban en la sociedad feudal

Vidimo, da so proizvodna in menjalna sredstva nastala v
fevdalni družbi
los medios de producción sobre cuyos cimientos se
construyó la burguesía
proizvodna sredstva, na katerih temeljih se je gradila
buržoazija
En una determinada etapa del desarrollo de estos medios de
producción y de intercambio
Na določeni stopnji razvoja teh proizvodnih in menjalnih
sredstev
las condiciones bajo las cuales la sociedad feudal producía e
intercambiaba
pogoje, pod katerimi je fevdalna družba proizvajala in
izmenjevala
La organización feudal de la agricultura y la industria
manufacturera
Fevdalna organizacija kmetijstva in predelovalne industrije
Las relaciones feudales de propiedad ya no eran compatibles
con las condiciones materiales
fevdalna lastninska razmerja niso bila več združljiva z
materialnimi razmerami
Tuvieron que ser reventados en pedazos, por lo que fueron
reventados en pedazos
Morali so jih razbiti, zato so jih razpadli
En su lugar entró la libre competencia de las fuerzas
productivas
Na njihovo mesto je stopila svobodna konkurenca
proizvodnih sil
y fueron acompañadas de una constitución social y política
adaptada a ella
spremljala jih je družbena in politična ustava, ki je bila
prilagojena temu
y fue acompañado por el dominio económico y político de la
burguesía
spremljal ga je gospodarski in politični vpliv buržoaznega
razreda

Un movimiento similar está ocurriendo ante nuestros propios ojos
Podobno gibanje se dogaja pred našimi očmi
La sociedad burguesa moderna con sus relaciones de producción, de intercambio y de propiedad
Sodobna buržoazna družba s svojimi proizvodnimi in menjalnimi razmerji
una sociedad que ha conjurado medios de producción y de intercambio tan gigantescos
družbo, ki je pričarala tako velikanska proizvodna in menjalna sredstva
Es como el hechicero que invocó los poderes del mundo inferior
To je kot čarovnik, ki je priklical moči podzemnega sveta
Pero ya no es capaz de controlar lo que ha traído al mundo
vendar ni več sposoben nadzorovati tega, kar je prinesel na svet
Durante muchas décadas, la historia pasada estuvo unida por un hilo conductor
Več desetletij je bila zgodovina povezana s skupno nitjo
La historia de la industria y del comercio no ha sido más que la historia de las revueltas
zgodovina industrije in trgovine je bila le zgodovina uporov
las revueltas de las fuerzas productivas modernas contra las condiciones modernas de producción
upori sodobnih proizvodnih sil proti sodobnim proizvodnim pogojem
Las revueltas de las fuerzas productivas modernas contra las relaciones de propiedad
upori sodobnih proizvodnih sil proti lastninskim razmerjem
estas relaciones de propiedad son las condiciones para la existencia de la burguesía
ta lastninska razmerja so pogoj za obstoj buržoazije
y la existencia de la burguesía determina las reglas de las relaciones de propiedad
obstoj buržoazije pa določa pravila za lastninska razmerja

Baste mencionar el retorno periódico de las crisis comerciales
dovolj je omeniti občasno vračanje komercialnih kriz
cada crisis comercial es más amenazante para la sociedad burguesa que la anterior
vsaka komercialna kriza bolj ogroža buržoazno družbo kot prejšnja
En estas crisis se destruye gran parte de los productos existentes
V teh krizah je velik del obstoječih proizvodov uničen
Pero estas crisis también destruyen las fuerzas productivas previamente creadas
Toda te krize uničujejo tudi prej ustvarjene proizvodne sile
En todas las épocas anteriores, estas epidemias habrían parecido un absurdo
V vseh prejšnjih obdobjih bi se te epidemije zdele absurdne
porque estas epidemias son las crisis comerciales de la sobreproducción
ker so te epidemije komercialne krize prekomerne proizvodnje
De repente, la sociedad se encuentra de nuevo en un estado de barbarie momentánea
Družba se nenadoma znajde nazaj v stanju trenutnega barbarstva
como si una guerra universal de devastación hubiera cortado todos los medios de subsistencia
kot da bi univerzalna opustošena vojna odrezala vsa sredstva za preživetje
la industria y el comercio parecen haber sido destruidos; ¿Y por qué?
Zdi se, da sta bila industrija in trgovina uničena; In zakaj?
Porque hay demasiada civilización y medios de subsistencia
Ker je preveč civilizacije in sredstev za preživetje
y porque hay demasiada industria y demasiado comercio
in ker je preveč industrije in preveč trgovine
Las fuerzas productivas a disposición de la sociedad ya no desarrollan la propiedad burguesa

Proizvodne sile, ki so na voljo družbi, ne razvijajo več buržoazne lastnine
por el contrario, se han vuelto demasiado poderosos para estas condiciones, por las cuales están encadenados
nasprotno, postali so preveč močni za te pogoje, zaradi katerih so omejeni
tan pronto como superan estas cadenas, traen el desorden a toda la sociedad burguesa
takoj, ko premagajo te okove, vnesejo nered v celotno buržoazno družbo
y las fuerzas productivas ponen en peligro la existencia de la propiedad burguesa
proizvodne sile pa ogrožajo obstoj buržoazne lastnine
Las condiciones de la sociedad burguesa son demasiado estrechas para abarcar la riqueza creada por ellas
Pogoji buržoazne družbe so preozki, da bi zajeli bogastvo, ki so ga ustvarili
¿Y cómo supera la burguesía estas crisis?
In kako buržoazija premaga te krize?
Por un lado, supera estas crisis mediante la destrucción forzada de una masa de fuerzas productivas
Po eni strani te krize premaguje s prisilnim uničenjem množice proizvodnih sil
por otro lado, supera estas crisis mediante la conquista de nuevos mercados
po drugi strani pa te krize premaguje z osvajanjem novih trgov
y supera estas crisis mediante la explotación más completa de las viejas fuerzas productivas
in te krize premaguje s temeljitejšim izkoriščanjem starih proizvodnih sil
Es decir, allanando el camino para crisis más extensas y destructivas
To pomeni, da utirajo pot obsežnejšim in bolj uničujočim krizam

supera la crisis disminuyendo los medios para prevenir las crisis

krizo premaguje z zmanjšanjem sredstev za preprečevanje kriz

Las armas con las que la burguesía derribó el feudalismo se vuelven ahora contra sí misma

Orožje, s katerim je buržoazija podrla fevdalizem na tla, je zdaj obrnjeno proti sebi

Pero la burguesía no sólo ha forjado las armas que le dan la muerte

Toda ne samo, da je buržoazija skovala orožje, ki sebi prinaša smrt

También ha llamado a la existencia a los hombres que han de empuñar esas armas

Prav tako je poklical v obstoj moške, ki naj bi nosili to orožje

Y estos hombres son la clase obrera moderna; Son los proletarios

in ti ljudje so sodobni delavski razred; To so proletarci

En la misma proporción en que se desarrolla la burguesía, en la misma proporción se desarrolla el proletariado

Sorazmerno z razvojem buržoazije se v enakem razmerju razvija proletariat

La clase obrera moderna desarrolló una clase de trabajadores

Sodobni delavski razred je razvil razred delavcev

Esta clase de obreros vive sólo mientras encuentran trabajo

Ta razred delavcev živi le tako dolgo, dokler najdejo delo

y sólo encuentran trabajo mientras su trabajo aumenta el capital

in delo najdejo le, dokler njihovo delo povečuje kapital

Estos obreros, que deben venderse a destajo, son una mercancía

Ti delavci, ki se morajo prodajati po kosih, so blago

Estos obreros son como cualquier otro artículo de comercio

Ti delavci so kot vsak drug trgovski artikel

y, en consecuencia, están expuestos a todas las vicisitudes de la competencia

in zato so izpostavljeni vsem spremenljivim spremembam konkurence

Tienen que capear todas las fluctuaciones del mercado

Prebroditi morajo vsa nihanja na trgu

Debido al uso extensivo de maquinaria y a la división del trabajo

Zaradi obsežne uporabe strojev in delitve dela

El trabajo de los proletarios ha perdido todo carácter individual

Delo proletarcev je izgubilo ves individualni značaj

y, en consecuencia, el trabajo de los proletarios ha perdido todo encanto para el obrero

in posledično je delo proletarcev izgubilo ves čar za delavca

Se convierte en un apéndice de la máquina, en lugar del hombre que una vez fue

Postane privesek stroja, ne pa človek, ki je nekoč bil

Sólo se requiere de él la habilidad más simple, monótona y más fácil de adquirir

od njega se zahteva le najbolj preprosta, monotona in najlažje pridobljena spretnost

Por lo tanto, el costo de producción de un trabajador está restringido

Zato so stroški proizvodnje delavca omejeni

se restringe casi por completo a los medios de subsistencia que necesita para su manutención

skoraj v celoti je omejena na sredstva za preživljanje, ki jih potrebuje za svoje preživljanje

y se restringe a los medios de subsistencia que necesita para la propagación de su raza

in omejena je na sredstva za preživljanje, ki jih potrebuje za razmnoževanje svoje rase

Pero el precio de una mercancía, y por lo tanto también del trabajo, es igual a su costo de producción

Toda cena blaga in s tem tudi dela je enaka njegovim proizvodnim stroškom

Por lo tanto, a medida que aumenta la repulsividad del trabajo, disminuye el salario

Sorazmerno s povečanjem odvratnosti dela se torej plača zmanjšuje

Es más, la repulsión de su obra aumenta a un ritmo aún mayor

Ne, odvratnost njegovega dela narašča s še večjo hitrostjo

A medida que aumenta el uso de maquinaria y la división del trabajo, también lo hace la carga del trabajo

Z naraščanjem uporabe strojev in delitve dela se povečuje tudi breme truda

La carga del trabajo se incrementa con la prolongación de las horas de trabajo

breme truda se poveča s podaljšanjem delovnega časa

Se espera más del obrero en el mismo tiempo que antes

od delavca se pričakuje več v istem času kot prej

Y, por supuesto, la carga del trabajo aumenta por la velocidad de la maquinaria

in seveda se breme truda poveča s hitrostjo strojev

La industria moderna ha convertido el pequeño taller del amo patriarcal en la gran fábrica del capitalista industrial

Sodobna industrija je majhno delavnico patriarhalnega mojstra spremenila v veliko tovarno industrijskega kapitalista

Las masas de obreros, hacinados en la fábrica, están organizadas como soldados

Množice delavcev, ki so natrpane v tovarni, so organizirane kot vojaki

Como soldados rasos del ejército industrial están bajo el mando de una jerarquía perfecta de oficiales y sargentos

Kot vojaki industrijske vojske so pod poveljstvom popolne hierarhije častnikov in narednikov

no sólo son esclavos de la burguesía y del Estado

niso le sužnji buržoazijskega razreda in države

pero también son esclavizados diariamente y cada hora por la máquina

vendar so tudi vsak dan in vsako uro zasužnjeni s strojem

están esclavizados por el vigilante y, sobre todo, por el propio fabricante burgués

zasužnjeni so s strani opazovalca in predvsem s strani posameznega buržoaznega proizvajalca

Cuanto más abiertamente proclama este despotismo que la ganancia es su fin y su fin, tanto más mezquino, más odioso y más amargo es

Bolj ko odkrito ta despotizem razglaša dobiček za svoj cilj in cilj, bolj je majhen, bolj sovražen in bolj zagrenjen

Cuanto más se desarrolla la industria moderna, menores son las diferencias entre los sexos

bolj ko se razvije sodobna industrija, manjše so razlike med spoloma

Cuanto menor es la habilidad y el ejercicio de la fuerza implícitos en el trabajo manual, tanto más el trabajo de los hombres es reemplazado por el de las mujeres

Manj spretnosti in moči, ki jo vključuje ročno delo, bolj je delo moških nadomeščeno z delom žensk

Las diferencias de edad y sexo ya no tienen ninguna validez social distintiva para la clase obrera

Razlike med starostjo in spolom nimajo več nobene posebne družbene veljavnosti za delavski razred

Todos son instrumentos de trabajo, más o menos costosos de usar, según su edad y sexo

Vsi so delovna orodja, ki so bolj ali cenejši za uporabo, glede na njihovo starost in spol

tan pronto como el obrero recibe su salario en efectivo, es atacado por las otras partes de la burguesía

takoj, ko delavec prejme plačo v gotovini, ga določijo drugi deli buržoazije

el propietario, el tendero, el prestamista, etc

najemodajalca, trgovca, zastavljalca itd

Los estratos más bajos de la clase media; los pequeños comerciantes y tenderos

Nižji sloji srednjega razreda; mali obrtniki in trgovci

los comerciantes jubilados en general, y los artesanos y campesinos
upokojeni obrtniki na splošno ter rokodelci in kmetje
todo esto se hunde poco a poco en el proletariado
vse to se postopoma potopi v proletariat
en parte porque su minúsculo capital no basta para la escala en que se desarrolla la industria moderna
deloma zato, ker njihov majhen kapital ne zadostuje za obseg, v katerem se izvaja sodobna industrija
y porque está inundada en la competencia con los grandes capitalistas
in ker je preplavljena v konkurenci z velikimi kapitalisti
en parte porque sus habilidades especializadas se vuelven inútiles por los nuevos métodos de producción
deloma zato, ker je njihova specializirana spretnost zaradi novih proizvodnih metod postala ničvredna
De este modo, el proletariado es reclutado entre todas las clases de la población
Tako se proletariat rekrutira iz vseh razredov prebivalstva
El proletariado pasa por varias etapas de desarrollo
Proletariat gre skozi različne stopnje razvoja
Con su nacimiento comienza su lucha con la burguesía
Z njenim rojstvom se začne boj z buržoazijo
Al principio, la contienda es llevada a cabo por trabajadores individuales
Sprva tekmovanje vodijo posamezni delavci
Entonces el concurso es llevado a cabo por los obreros de una fábrica
nato tekmovanje izvajajo delavci tovarne
Entonces la contienda es llevada a cabo por los operarios de un oficio, en una localidad
nato tekmovanje vodijo delavci ene obrti, v enem kraju
y la contienda es entonces contra la burguesía individual que los explota directamente
in tekmovanje je nato proti posamezni buržoaziji, ki jih neposredno izkorišča

No dirigen sus ataques contra las condiciones de producción de la burguesía
Svojih napadov ne usmerjajo proti buržoaznim proizvodnim pogojem
pero dirigen su ataque contra los propios instrumentos de producción
vendar svoj napad usmerjajo proti samim proizvodnim instrumentom
destruyen mercancías importadas que compiten con su mano de obra
Uničujejo uvoženo blago, ki tekmuje z njihovim delom
Hacen pedazos la maquinaria y prenden fuego a las fábricas
razbijejo stroje na koščke in zažgejo tovarne
tratan de restaurar por la fuerza el estado desaparecido del obrero de la Edad Media
s silo poskušajo obnoviti izginuli status srednjeveškega delavca
En esta etapa, los obreros forman todavía una masa incoherente dispersa por todo el país
Na tej stopnji delavci še vedno tvorijo nekoherentno maso, razpršeno po vsej državi
y se rompen por su mutua competencia
in jih razbije medsebojna konkurenca
Si en alguna parte se unen para formar cuerpos más compactos, esto no es todavía la consecuencia de su propia unión activa
Če se kjerkoli združijo v bolj kompaktna telesa, to še ni posledica njihove lastne aktivne zveze
pero es una consecuencia de la unión de la burguesía, para alcanzar sus propios fines políticos
vendar je posledica združitve buržoazije, da doseže svoje politične cilje
la burguesía se ve obligada a poner en movimiento a todo el proletariado
buržoazija je prisiljena sprožiti celoten proletariat
y además, por un momento, la burguesía es capaz de hacerlo

in še več, buržoazija je za nekaj časa sposobna to storiti

Por lo tanto, en esta etapa, los proletarios no luchan contra sus enemigos

Na tej stopnji se torej proletarci ne borijo proti svojim sovražnikom

sino que están luchando contra los enemigos de sus enemigos

ampak namesto tega se borijo proti sovražnikom svojih sovražnikov

la lucha contra los restos de la monarquía absoluta y los terratenientes

boj proti ostankom absolutne monarhije in lastnikom zemljišč

luchan contra la burguesía no industrial; la pequeña burguesía

borijo se proti neindustrijski buržoaziji; drobna buržoazija

De este modo, todo el movimiento histórico se concentra en manos de la burguesía

Tako je celotno zgodovinsko gibanje skoncentrirano v rokah buržoazije

cada victoria así obtenida es una victoria para la burguesía

vsaka tako dosežena zmaga je zmaga buržoazije

Pero con el desarrollo de la industria, el proletariado no sólo aumenta en número

Toda z razvojem industrije se proletariat ne povečuje le v številu

el proletariado se concentra en grandes masas y su fuerza crece

proletariat se koncentrira v večjih množicah in njegova moč raste

y el proletariado siente cada vez más esa fuerza

in proletariat čuti to moč vedno bolj

Los diversos intereses y condiciones de vida en las filas del proletariado se igualan cada vez más

Različni interesi in življenjske razmere v vrstah proletariata so vse bolj izenačeni

se vuelven más proporcionales a medida que la maquinaria borra todas las distinciones de trabajo
postajajo bolj sorazmerno s stroji izbrisati vse razlike med delom
y la maquinaria reduce los salarios al mismo nivel bajo en casi todas partes
in stroji skoraj povsod znižajo plače na enako nizko raven
La creciente competencia entre la burguesía, y las crisis comerciales resultantes, hacen que los salarios de los obreros sean cada vez más fluctuantes
Zaradi naraščajoče konkurence med buržoazijo in posledične trgovinske krize so plače delavcev vse bolj nihajoče
La mejora incesante de la maquinaria, que se desarrolla cada vez más rápidamente, hace que sus medios de vida sean cada vez más precarios
Zaradi nenehnega izboljševanja strojev, ki se vedno hitreje razvijajo, je njihovo preživetje vse bolj negotovo
los choques entre obreros individuales y burgueses individuales toman cada vez más el carácter de choques entre dos clases
trki med posameznimi delavci in posamezno buržoazijo imajo vse bolj značaj trkov med dvema razredoma
A partir de ese momento, los obreros comienzan a formar uniones (sindicatos) contra la burguesía
Nato se delavci začnejo združevati (sindikati) proti buržoaziji
se agrupan para mantener el ritmo de los salarios
združujejo se, da bi ohranili stopnjo plač
Fundaron asociaciones permanentes para hacer frente de antemano a estas revueltas ocasionales
našli so stalna združenja, da bi vnaprej poskrbeli za te občasne upore
Aquí y allá la contienda estalla en disturbios
Tu in tam tekmovanje izbruhne v nemire
De vez en cuando los obreros salen victoriosos, pero sólo por un tiempo
Tu in tam delavci zmagajo, vendar le za nekaj časa

El verdadero fruto de sus batallas no reside en el resultado inmediato, sino en la unión cada vez mayor de los trabajadores

Pravi sad njihovih bojev ni v takojšnjem rezultatu, ampak v vedno večjem sindikatu delavcev

Esta unión se ve favorecida por la mejora de los medios de comunicación creados por la industria moderna

K temu sindikatu pomagajo izboljšana komunikacijska sredstva, ki jih ustvarja sodobna industrija

La comunicación moderna pone en contacto a los trabajadores de diferentes localidades

Sodobna komunikacija postavlja delavce različnih krajev v stik med seboj

Era precisamente este contacto el que se necesitaba para centralizar las numerosas luchas locales en una lucha nacional entre clases

Ravno ta stik je bil potreben za centralizacijo številnih lokalnih bojev v en nacionalni boj med razredi

Todas estas luchas tienen el mismo carácter, y toda lucha de clases es una lucha política

vsi ti boji so istega značaja in vsak razredni boj je politični boj

los burgueses de la Edad Media, con sus miserables carreteras, necesitaron siglos para formar sus uniones

meščani srednjega veka s svojimi bednimi cestami so potrebovali stoletja, da so oblikovali svoje zveze

Los proletarios modernos, gracias a los ferrocarriles, logran sus sindicatos en pocos años

Sodobni proletarci zahvaljujoč železnicam dosežejo svoje zveze v nekaj letih

Esta organización de los proletarios en una clase los formó, por consiguiente, en un partido político

Ta organizacija proletarcev v razred jih je posledično oblikovala v politično stranko

La clase política se ve continuamente molesta por la competencia entre los propios trabajadores

Politični razred nenehno vznemirja konkurenca med delavci samimi

Pero la clase política sigue levantándose de nuevo, más fuerte, más firme, más poderosa

Toda politični razred se še naprej dviguje, močnejši, trdnejši, močnejši

Obliga al reconocimiento legislativo de los intereses particulares de los trabajadores

Zahteva zakonodajno priznanje posebnih interesov delavcev

lo hace aprovechándose de las divisiones en el seno de la propia burguesía

to počne tako, da izkoristi delitve med buržoazijo

De este modo, el proyecto de ley de las diez horas en Inglaterra se convirtió en ley

Tako je bil zakon o desetih urah v Angliji uzakonjen

en muchos sentidos, las colisiones entre las clases de la vieja sociedad son, además, el curso del desarrollo del proletariado

v mnogih pogledih so trki med razredi stare družbe nadaljnji potek razvoja proletariata

La burguesía se ve envuelta en una batalla constante

Buržoazija se znajde v nenehnem boju

Al principio se verá envuelto en una batalla constante con la aristocracia

Sprva se bo znašla v nenehnem boju z aristokracijo

más tarde se verá envuelta en una batalla constante con esas partes de la propia burguesía

kasneje se bo znašla v nenehnem boju s tistimi deli same buržoazije

y sus intereses se habrán vuelto antagónicos al progreso de la industria

in njihovi interesi bodo postali nasprotni napredku industrije

en todo momento, sus intereses se habrán vuelto antagónicos con la burguesía de los países extranjeros

vedno bodo njihovi interesi postali nasprotni buržoaziji tujih držav

En todas estas batallas se ve obligado a apelar al proletariado y pide su ayuda

V vseh teh bitkah se čuti prisiljen pritegniti proletariat in ga prosi za pomoč

y, por lo tanto, se sentirá obligado a arrastrarlo a la arena política

in tako se bo počutila prisiljeno, da jo povleče v politično areno

La burguesía misma, por lo tanto, suministra al proletariado sus propios instrumentos de educación política y general

Buržoazija sama torej oskrbuje proletariat z lastnimi instrumenti politične in splošne vzgoje

en otras palabras, suministra al proletariado armas para luchar contra la burguesía

z drugimi besedami, proletariat oskrbuje z orožjem za boj proti buržoaziji

Además, como ya hemos visto, sectores enteros de las clases dominantes se precipitan en el proletariado

Poleg tega, kot smo že videli, so celotni deli vladajočih razredov strmoglavljeni v proletariat

el avance de la industria los absorbe en el proletariado

napredek industrije jih sesa v proletariat

o, al menos, están amenazados en sus condiciones de existencia

ali pa so vsaj ogroženi v svojih pogojih obstoja

Estos también suministran al proletariado nuevos elementos de ilustración y progreso

Ti tudi oskrbujejo proletariat s svežimi elementi razsvetljenstva in napredka

Finalmente, en momentos en que la lucha de clases se acerca a la hora decisiva

Končno, v času, ko se razredni boj približuje odločilni uri

el proceso de disolución que se está llevando a cabo en el seno de la clase dominante

proces razpustitve znotraj vladajočega razreda

De hecho, la disolución que se está produciendo en el seno de la clase dominante se sentirá en toda la sociedad

pravzaprav se bo razpad, ki se dogaja znotraj vladajočega razreda, čutil v celotni družbi

Tomará un carácter tan violento y deslumbrante, que un pequeño sector de la clase dominante se quedará a la deriva

Dobila bo tako nasilen, očiten značaj, da se bo majhen del vladajočega razreda odrezal

y esa clase dominante se unirá a la clase revolucionaria

in da se bo vladajoči razred pridružil revolucionarnemu razredu

La clase revolucionaria es la clase que tiene el futuro en sus manos

revolucionarni razred je razred, ki ima prihodnost v svojih rokah

Al igual que en un período anterior, una parte de la nobleza se pasó a la burguesía

Tako kot v prejšnjem obdobju je del plemstva prešel v buržoazijo

de la misma manera que una parte de la burguesía se pasará al proletariado

na enak način bo del buržoazije prešel k proletariatu

en particular, una parte de la burguesía pasará a una parte de los ideólogos de la burguesía

zlasti bo del buržoazije prešel na del buržoaznih ideologov

Ideólogos burgueses que se han elevado al nivel de comprender teóricamente el movimiento histórico en su conjunto

Buržoazni ideologi, ki so se dvignili na raven teoretičnega razumevanja zgodovinskega gibanja kot celote

De todas las clases que hoy se encuentran frente a frente con la burguesía, sólo el proletariado es una clase realmente revolucionaria

Od vseh razredov, ki se danes soočajo z buržoazijo, je samo proletariat resnično revolucionaren razred

Las otras clases decaen y finalmente desaparecen frente a la industria moderna
Drugi razredi propadejo in končno izginejo pred sodobno industrijo
el proletariado es su producto especial y esencial
Proletariat je njegov poseben in bistven izdelek
La clase media baja, el pequeño fabricante, el tendero, el artesano, el campesino
Nižji srednji razred, mali proizvajalec, trgovec, obrtnik, kmet
todos ellos luchan contra la burguesía
vsi ti se borijo proti buržoaziji
Luchan como fracciones de la clase media para salvarse de la extinción
Borijo se kot deli srednjega razreda, da bi se rešili pred izumrtjem
Por lo tanto, no son revolucionarios, sino conservadores
Zato niso revolucionarni, ampak konservativni
Más aún, son reaccionarios, porque tratan de hacer retroceder la rueda de la historia
Še več, reakcionarni so, ker poskušajo vrniti kolo zgodovine nazaj
Si por casualidad son revolucionarios, lo son sólo en vista de su inminente transferencia al proletariado
Če so po naključju revolucionarne, so to le zaradi bližajočega se prehoda v proletariat
Por lo tanto, no defienden sus intereses presentes, sino sus intereses futuros
tako ne branijo svojih sedanjih, ampak prihodnjih interesov
abandonan su propio punto de vista para situarse en el del proletariado
zapustijo svoje stališče, da bi se postavili na stališče proletariata
La "clase peligrosa", la escoria social, esa masa pasivamente putrefacta arrojada por las capas más bajas de la vieja sociedad

»Nevarni razred«, družbena ološ, ta pasivno gnila masa, ki so jo vrgli najnižji sloji stare družbe

pueden, aquí y allá, ser arrastrados al movimiento por una revolución proletaria

tu in tam jih lahko v gibanje pomete proletarska revolucija

Sus condiciones de vida, sin embargo, la preparan mucho más para el papel de un instrumento sobornado de la intriga reaccionaria

Njegove življenjske razmere pa jo veliko bolj pripravljajo na vlogo podkupljenega orodja reakcionarnih spletk

En las condiciones del proletariado, los de la vieja sociedad en general están ya virtualmente desbordados

V razmerah proletariata so tisti iz stare družbe na splošno že praktično preplavljeni

El proletario carece de propiedad

Proletar je brez lastnine

su relación con su mujer y sus hijos ya no tiene nada en común con las relaciones familiares de la burguesía

njegov odnos z ženo in otroki nima več nič skupnega z družinskimi odnosi buržoazije

el trabajo industrial moderno, el sometimiento moderno al capital, lo mismo en Inglaterra que en Francia, en Estados Unidos como en Alemania

sodobno industrijsko delo, sodobno podrejanje kapitalu, enako v Angliji kot v Franciji, v Ameriki kot v Nemčiji

Su condición en la sociedad lo ha despojado de todo rastro de carácter nacional

njegovo stanje v družbi mu je odvzelo vse sledi nacionalnega značaja

El derecho, la moral, la religión, son para él otros tantos prejuicios burgueses

Zakon, morala, vera so zanj toliko buržoaznih predsodkov

y detrás de estos prejuicios acechan emboscados otros tantos intereses burgueses

in za temi predsodki se skriva v zasedi prav toliko buržoaznih interesov

Todas las clases precedentes que se impusieron trataron de fortalecer su estatus ya adquirido

Vsi prejšnji razredi, ki so dobili prednost, so poskušali utrditi svoj že pridobljeni status

Lo hicieron sometiendo a la sociedad en general a sus condiciones de apropiación

To so storili tako, da so družbo na splošno podvrgli svojim pogojem prilaščanja

Los proletarios no pueden llegar a ser dueños de las fuerzas productivas de la sociedad

Proletarci ne morejo postati gospodarji proizvodnih sil družbe

sólo puede hacerlo aboliendo su propio modo anterior de apropiación

to lahko stori le z odpravo lastnega prejšnjega načina prilaščanja

y, por lo tanto, también suprime cualquier otro modo anterior de apropiación

in s tem odpravlja tudi vse druge prejšnje načine prilaščanja

No tienen nada propio que asegurar y fortificar

Nimajo ničesar, kar bi lahko zavarovali in utrdili

Su misión es destruir todos los valores y seguros anteriores de la propiedad individual

Njihovo poslanstvo je uničiti vse prejšnje vrednostne papirje in zavarovanja posameznega premoženja

Todos los movimientos históricos anteriores fueron movimientos de minorías

Vsa prejšnja zgodovinska gibanja so bila gibanja manjšin

o eran movimientos en interés de las minorías

ali pa so bila gibanja v interesu manjšin

El movimiento proletario es el movimiento consciente e independiente de la inmensa mayoría

Proletarsko gibanje je samozavestno, neodvisno gibanje ogromne večine

Y es un movimiento en interés de la inmensa mayoría

in to je gibanje v interesu ogromne večine

El proletariado, el estrato más bajo de nuestra sociedad actual

Proletariat, najnižji sloj naše sedanje družbe

no puede agitarse ni elevarse sin que todos los estratos superiores de la sociedad oficial salgan al aire

ne more se premakniti ali dvigniti, ne da bi se v zrak dvignili celotni nadvladni sloji uradne družbe

Aunque no en el fondo, sí en la forma, la lucha del proletariado con la burguesía es, al principio, una lucha nacional

Čeprav ni v vsebini, vendar v obliki, je boj proletariata z buržoazijo sprva narodni boj

El proletariado de cada país debe, por supuesto, en primer lugar arreglar las cosas con su propia burguesía

Proletariat vsake države mora seveda najprej urediti zadeve s svojo buržoazijo

Al describir las fases más generales del desarrollo del proletariado, hemos trazado la guerra civil más o menos velada

Pri prikazovanju najbolj splošnih faz razvoja proletariata smo zasledili bolj ali manj prikrito državljansko vojno

Este civil está haciendo estragos dentro de la sociedad existente

Ta civilizacija divja v obstoječi družbi

Se enfurecerá hasta el punto en que esa guerra estalle en una revolución abierta

divjala bo do točke, ko bo vojna izbruhnila v odprto revolucijo

y luego el derrocamiento violento de la burguesía sienta las bases para el dominio del proletariado

in potem nasilno strmoglavljenje buržoazije postavi temelje za vpliv proletariata

Hasta ahora, todas las formas de sociedad se han basado, como ya hemos visto, en el antagonismo de las clases opresoras y oprimidas

Kot smo že videli, je vsaka oblika družbe temeljila na antagonizmu zatiranja in zatiranih razredov

Pero para oprimir a una clase, hay que asegurarle ciertas condiciones

Da pa bi zatirali razred, mu morajo biti zagotovljeni določeni pogoji

La clase debe ser mantenida en condiciones en las que pueda, por lo menos, continuar su existencia servil

razred je treba ohranjati v pogojih, v katerih lahko vsaj nadaljuje svoj suženjski obstoj

El siervo, en el período de la servidumbre, se elevaba a la comuna

Tlačan se je v času tlačanstva povzdignil v članstvo v občini

del mismo modo que la pequeña burguesía, bajo el yugo del absolutismo feudal, logró convertirse en burguesía

tako kot se je drobna buržoazija pod jarmom fevdalnega absolutizma uspela razviti v buržoazijo

El obrero moderno, por el contrario, en lugar de elevarse con el progreso de la industria, se hunde cada vez más

Sodobni delavec, nasprotno, namesto da bi se dvignil z napredkom industrije, se potaplja globlje in globlje

se hunde por debajo de las condiciones de existencia de su propia clase

potopi se pod pogoje obstoja svojega lastnega razreda

Se convierte en un indigente, y el pauperismo se desarrolla más rápidamente que la población y la riqueza

Postane revež in revščina se razvija hitreje kot prebivalstvo in bogastvo

Y aquí se hace evidente que la burguesía ya no es apta para ser la clase dominante de la sociedad

In tukaj postane očitno, da buržoazija ni več primerna za vladajoči razred v družbi

y no es apta para imponer sus condiciones de existencia a la sociedad como una ley imperativa

in ni primerno, da bi družbi vsiljevali pogoje obstoja kot prevladujoči zakon

Es incapaz de gobernar porque es incapaz de asegurar una existencia a su esclavo dentro de su esclavitud

Neprimerna je vladati, ker je nesposobna, da bi zagotovila obstoj svojemu sužnju v njegovem suženjstvu

porque no puede evitar dejarlo hundirse en tal estado, que tiene que alimentarlo, en lugar de ser alimentado por él

ker si ne more pomagati, da bi ga pustil, da se potopi v takšno stanje, da ga mora nahraniti, namesto da bi ga on hranil

La sociedad ya no puede vivir bajo esta burguesía

Družba ne more več živeti pod to buržoazijo

En otras palabras, su existencia ya no es compatible con la sociedad

z drugimi besedami, njegov obstoj ni več združljiv z družbo

La condición esencial para la existencia y el dominio de la burguesía es la formación y el aumento del capital

Bistveni pogoj za obstoj in vpliv buržoaznega razreda je oblikovanje in povečevanje kapitala

La condición del capital es el trabajo asalariado

pogoj za kapital je mezdno delo

El trabajo asalariado se basa exclusivamente en la competencia entre los trabajadores

Mezdno delo temelji izključno na konkurenci med delavci

El avance de la industria, cuyo promotor involuntario es la burguesía, sustituye al aislamiento de los obreros

Napredek industrije, katere neprostovoljni pospeševalec je buržoazija, nadomešča izolacijo delavcev

por la competencia, por su combinación revolucionaria, por la asociación

zaradi konkurence, zaradi njihove revolucionarne kombinacije, zaradi združevanja

El desarrollo de la industria moderna corta bajo sus pies los cimientos mismos sobre los cuales la burguesía produce y se apropia de los productos

Razvoj sodobne industrije izpod njenih nog izreže temelje, na katerih buržoazija proizvaja in si prisvaja izdelke

Lo que la burguesía produce, sobre todo, son sus propios sepultureros

Buržoazija proizvaja predvsem svoje lastne grobarje

La caída de la burguesía y la victoria del proletariado son igualmente inevitables

Padec buržoazije in zmaga proletariata sta prav tako neizogibna

Proletarios y comunistas
Proletarci in komunisti

¿Qué relación tienen los comunistas con el conjunto de los proletarios?

V kakšnem odnosu so komunisti do proletarcev kot celote?

Los comunistas no forman un partido separado opuesto a otros partidos de la clase obrera

Komunisti ne tvorijo ločene stranke, ki bi nasprotovala drugim delavskim strankam

No tienen intereses separados y aparte de los del proletariado en su conjunto

Nimajo interesov, ki bi bili ločeni in ločeni od interesov proletariata kot celote

No establecen ningún principio sectario propio, con el cual dar forma y moldear el movimiento proletario

Ne postavljajo lastnih sektaških načel, s katerimi bi oblikovali in oblikovali proletarsko gibanje

Los comunistas se distinguen de los demás partidos obreros sólo por dos cosas

Komuniste od drugih delavskih strank razlikujeta le dve stvari

En primer lugar, señalan y ponen en primer plano los intereses comunes de todo el proletariado, independientemente de toda nacionalidad

Prvič, opozarjajo in postavljajo v ospredje skupne interese celotnega proletariata, neodvisno od vsake narodnosti

Esto lo hacen en las luchas nacionales de los proletarios de los diferentes países

to počnejo v nacionalnih bojih proletarcev različnih držav

En segundo lugar, siempre y en todas partes representan los intereses del movimiento en su conjunto

Drugič, vedno in povsod zastopajo interese gibanja kot celote

esto lo hacen en las diversas etapas de desarrollo por las que tiene que pasar la lucha de la clase obrera contra la burguesía

to počnejo na različnih stopnjah razvoja, ki jih mora preživeti boj delavskega razreda proti buržoaziji

Los comunistas son, por lo tanto, por una parte, prácticamente, el sector más avanzado y resuelto de los partidos obreros de todos los países

Komunisti so torej po eni strani praktično najnaprednejši in odločnejši del delavskih strank v vsaki državi

Son ese sector de la clase obrera que empuja hacia adelante a todos los demás

so tisti del delavskega razreda, ki potiska vse druge

Teóricamente, también tienen la ventaja de entender claramente la línea de marcha

Teoretično imajo tudi prednost, da jasno razumejo črto pohoda

Esto lo comprenden mejor comparado con la gran masa del proletariado

To bolje razumejo v primerjavi z veliko množico proletariata

Comprenden las condiciones y los resultados generales finales del movimiento proletario

razumejo pogoje in končne splošne rezultate proletarskega gibanja

El objetivo inmediato del comunista es el mismo que el de todos los demás partidos proletarios

Neposredni cilj komunista je enak cilju vseh drugih proletarskih strank

Su objetivo es la formación del proletariado en una clase

Njihov cilj je oblikovanje proletariata v razred

su objetivo es derrocar la supremacía burguesa

njihov cilj je strmoglaviti buržoazno prevlado

la lucha por la conquista del poder político por el proletariado

prizadevanje za osvojitev politične moči s strani proletariata

Las conclusiones teóricas de los comunistas no se basan en modo alguno en ideas o principios de reformadores

Teoretični zaključki komunistov nikakor ne temeljijo na idejah ali načelih reformatorjev

no fueron los aspirantes a reformadores universales los que inventaron o descubrieron las conclusiones teóricas de los comunistas
niso bili univerzalni reformatorji tisti, ki so izumili ali odkrili teoretične zaključke komunistov
Se limitan a expresar, en términos generales, las relaciones reales que surgen de una lucha de clases existente
Na splošno zgolj izražajo dejanske odnose, ki izvirajo iz obstoječega razrednega boja
Y describen el movimiento histórico que está ocurriendo ante nuestros propios ojos y que ha creado esta lucha de clases
in opisujejo zgodovinsko gibanje, ki se dogaja pred našimi očmi in je ustvarilo ta razredni boj
La abolición de las relaciones de propiedad existentes no es en absoluto un rasgo distintivo del comunismo
Odprava obstoječih lastninskih razmerij sploh ni značilnost komunizma
Todas las relaciones de propiedad en el pasado han estado continuamente sujetas a cambios históricos
Vsa premoženjska razmerja v preteklosti so bila nenehno podvržena zgodovinskim spremembam
y estos cambios fueron consecuencia del cambio en las condiciones históricas
in te spremembe so bile posledica spremembe zgodovinskih razmer
La Revolución Francesa, por ejemplo, abolió la propiedad feudal en favor de la propiedad burguesa
Francoska revolucija je na primer odpravila fevdalno lastnino v korist buržoazne lastnine
El rasgo distintivo del comunismo no es la abolición de la propiedad, en general
Značilnost komunizma na splošno ni odprava lastnine
pero el rasgo distintivo del comunismo es la abolición de la propiedad burguesa
toda značilnost komunizma je odprava buržoazne lastnine

Pero la propiedad privada de la burguesía moderna es la expresión última y más completa del sistema de producción y apropiación de productos

Toda sodobna buržoazna zasebna lastnina je končni in najpopolnejši izraz sistema proizvodnje in prilaščanja proizvodov

Es el estado final de un sistema que se basa en los antagonismos de clase, donde el antagonismo de clase es la explotación de la mayoría por unos pocos

To je končno stanje sistema, ki temelji na razrednih antagonizmih, kjer je razredni antagonizem izkoriščanje mnogih s strani peščice

En este sentido, la teoría de los comunistas puede resumirse en una sola frase; la abolición de la propiedad privada

V tem smislu lahko teorijo komunistov povzamemo v enem samem stavku; odprava zasebne lastnine

A los comunistas se nos ha reprochado el deseo de abolir el derecho de adquirir personalmente la propiedad

Komunistom so očitali željo po odpravi pravice do osebnega pridobivanja lastnine

Se afirma que esta propiedad es el fruto del propio trabajo de un hombre

Trdi se, da je ta lastnost plod človekovega lastnega dela

y se alega que esta propiedad es la base de toda libertad, actividad e independencia personal.

in ta lastnina naj bi bila temelj vse osebne svobode, dejavnosti in neodvisnosti.

"¡Propiedad ganada con esfuerzo, adquirida por uno mismo, ganada por uno mismo!"

"Težko pridobljena, samopridobljena, samozaslužena lastnina!"

¿Te refieres a la propiedad del pequeño artesano y del pequeño campesino?

Ali mislite na lastnino drobnega obrtnika in majhnega kmeta?

¿Te refieres a una forma de propiedad que precedió a la forma burguesa?

Ali mislite na obliko lastnine, ki je bila pred buržoazno obliko?

No hay necesidad de abolir eso, el desarrollo de la industria ya lo ha destruido en gran medida

Tega ni treba odpraviti, razvoj industrije ga je v veliki meri že uničil

y el desarrollo de la industria sigue destruyéndola diariamente

in razvoj industrije ga še vedno vsak dan uničuje

¿O te refieres a la propiedad privada de la burguesía moderna?

Ali mislite na sodobno buržoazno zasebno lastnino?

Pero, ¿crea el trabajo asalariado alguna propiedad para el trabajador?

Toda ali mezdno delo ustvarja kakšno lastnino za delavca?

¡No, el trabajo asalariado no crea ni una pizca de este tipo de propiedad!

Ne, mezdno delo ne ustvarja niti delčka te vrste lastnine!

Lo que sí crea el trabajo asalariado es capital; ese tipo de propiedad que explota el trabajo asalariado

Mezdno delo ustvarja kapital; Takšna lastnina, ki izkorišča mezdno delo

El capital no puede aumentar sino a condición de engendrar una nueva oferta de trabajo asalariado para una nueva explotación

kapital se ne more povečati, razen pod pogojem, da sproži novo ponudbo mezdnega dela za novo izkoriščanje

La propiedad, en su forma actual, se basa en el antagonismo entre el capital y el trabajo asalariado

Lastnina v svoji sedanji obliki temelji na antagonizmu kapitala in mezdnega dela

Examinemos los dos lados de este antagonismo

Oglejmo si obe strani tega antagonizma

Ser capitalista es tener no sólo un estatus puramente personal

Biti kapitalist ne pomeni imeti le čisto osebnega statusa

En cambio, ser capitalista es también tener un estatus social en la producción
namesto tega biti kapitalist pomeni imeti tudi družbeni status v proizvodnji
porque el capital es un producto colectivo; Sólo mediante la acción unida de muchos miembros puede ponerse en marcha
ker je kapital kolektivni proizvod; Le s skupnim delovanjem številnih poslancev ga je mogoče sprožiti
Pero esta acción unida es el último recurso, y en realidad requiere de todos los miembros de la sociedad
vendar je ta enotna akcija zadnja možnost in dejansko zahteva vse člane družbe
El capital se convierte en propiedad de todos los miembros de la sociedad
Kapital se pretvori v lastnino vseh članov družbe
pero el Capital no es, por lo tanto, un poder personal; Es un poder social
toda kapital torej ni osebna moč; je družbena moč
Así, cuando el capital se convierte en propiedad social, la propiedad personal no se transforma en propiedad social
Ko se torej kapital pretvori v družbeno lastnino, se osebna lastnina s tem ne spremeni v družbeno lastnino
Lo único que cambia es el carácter social de la propiedad y pierde su carácter de clase
Spremeni se le družbeni značaj lastnine, ki izgubi svoj razredni značaj
Veamos ahora el trabajo asalariado
Poglejmo si zdaj mezdno delo
El precio medio del trabajo asalariado es el salario mínimo, es decir, la cantidad de medios de subsistencia
Povprečna cena mezdnega dela je minimalna plača, tj. količina sredstev za preživljanje
Este salario es absolutamente necesario en la mera existencia de un obrero
Ta plača je absolutno potrebna za goli obstoj delavca

Por lo tanto, lo que el asalariado se apropia por medio de su trabajo, sólo basta para prolongar y reproducir una existencia desnuda

Kar si torej mezdni delavec prilasti s svojim delom, zadostuje le za podaljšanje in reprodukcijo golega obstoja

De ninguna manera pretendemos abolir esta apropiación personal de los productos del trabajo

Nikakor ne nameravamo odpraviti tega osebnega prilaščanja proizvodov dela

una apropiación que se hace para el mantenimiento y la reproducción de la vida humana

sredstva, ki se namenjajo za vzdrževanje in razmnoževanje človeškega življenja

Tal apropiación personal de los productos del trabajo no deja ningún excedente con el que ordenar el trabajo de otros

takšno osebno prisvajanje proizvodov dela ne pušča presežka, s katerim bi lahko nadzorovali delo drugih

Lo único que queremos eliminar es el carácter miserable de esta apropiación

Vse, kar želimo odpraviti, je bedni značaj te prisvojitve

la apropiación bajo la cual vive el obrero sólo para aumentar el capital

prisvojitev, pod katero delavec živi samo za povečanje kapitala

Sólo se le permite vivir en la medida en que lo exija el interés de la clase dominante

Dovoljeno mu je živeti le, kolikor to zahtevajo interesi vladajočega razreda

En la sociedad burguesa, el trabajo vivo no es más que un medio para aumentar el trabajo acumulado

V buržoazni družbi je živa delovna sila le sredstvo za povečanje nakopičenega dela

En la sociedad comunista, el trabajo acumulado no es más que un medio para ampliar, para enriquecer y para promover la existencia del obrero

V komunistični družbi je nakopičeno delo le sredstvo za
razširitev, obogatitev in spodbujanje obstoja delavca
**En la sociedad burguesa, por lo tanto, el pasado domina al
presente**
V buržoazni družbi torej preteklost prevladuje nad sedanjostjo
en la sociedad comunista el presente domina al pasado
v komunistični družbi sedanjost prevladuje nad preteklostjo
**En la sociedad burguesa el capital es independiente y tiene
individualidad**
V buržoazijski družbi je kapital neodvisen in ima
individualnost
**En la sociedad burguesa la persona viva es dependiente y no
tiene individualidad**
V buržoazni družbi je živa oseba odvisna in nima
individualnosti
**¡Y la abolición de este estado de cosas es llamada por la
burguesía, abolición de la individualidad y de la libertad!**
In odpravo tega stanja stvari buržoazija imenuje odprava
individualnosti in svobode!
**¡Y con razón se llama la abolición de la individualidad y de
la libertad!**
In upravičeno se imenuje odprava individualnosti in svobode!
**El comunismo aspira a la abolición de la individualidad
burguesa**
Komunizem si prizadeva za odpravo buržoazne
individualnosti
**El comunismo pretende la abolición de la independencia
burguesa**
Komunizem namerava odpraviti neodvisnost buržoazije
**La libertad burguesa es, sin duda, a lo que aspira el
comunismo**
Buržoazna svoboda je nedvomno tisto, k čemur si prizadeva
komunizem
**en las actuales condiciones de producción de la burguesía, la
libertad significa libre comercio, libre venta y compra**

v sedanjih buržoaznih proizvodnih pogojih svoboda pomeni
prosto trgovino, prosto prodajo in nakup
**Pero si desaparece la venta y la compra, también desaparece
la libre venta y la compra**
Če pa prodaja in nakup izginejo, izgineta tudi prosta prodaja
in nakup
**Las "palabras valientes" de la burguesía sobre la libre venta
y compra sólo tienen sentido en un sentido limitado**
»Pogumne besede« buržoazije o prosti prodaji in nakupu
imajo pomen le v omejenem smislu
**Estas palabras tienen significado solo en contraste con la
venta y la compra restringidas**
Te besede imajo pomen le v nasprotju z omejeno prodajo in
nakupom
**y estas palabras sólo tienen sentido cuando se aplican a los
comerciantes encadenados de la Edad Media**
in te besede imajo pomen le, če se nanašajo na priklenjene
trgovce srednjega veka
**y eso supone que estas palabras incluso tienen un
significado en un sentido burgués**
in to predpostavlja, da imajo te besede pomen celo v
buržoaznem smislu
**pero estas palabras no tienen ningún significado cuando se
usan para oponerse a la abolición comunista de la compra y
venta**
vendar te besede nimajo pomena, ko se uporabljajo za
nasprotovanje komunistični odpravi nakupa in prodaje
**las palabras no tienen sentido cuando se usan para oponerse
a la abolición de las condiciones de producción de la
burguesía**
besede nimajo pomena, ko se uporabljajo za nasprotovanje
odpravi buržoaznih pogojev proizvodnje
**y no tienen ningún sentido cuando se utilizan para oponerse
a la abolición de la propia burguesía**
in nimajo nobenega pomena, ko se uporabljajo za
nasprotovanje odpravi buržoazije same

Ustedes están horrorizados de nuestra intención de acabar con la propiedad privada

Zgroženi ste, da nameravamo odpraviti zasebno lastnino

Pero en la sociedad actual, la propiedad privada ya ha sido eliminada para las nueve décimas partes de la población

Toda v vaši obstoječi družbi je zasebna lastnina že odpravljena za devet desetin prebivalstva

La existencia de la propiedad privada para unos pocos se debe únicamente a su inexistencia en manos de las nueve décimas partes de la población

Obstoj zasebne lastnine za peščico je izključno posledica njenega neobstoja v rokah devetih desetin prebivalstva

Por lo tanto, nos reprochas que pretendamos acabar con una forma de propiedad

Zato nam očitate, da nameravamo odpraviti neko obliko lastnine

Pero la propiedad privada requiere la inexistencia de propiedad alguna para la inmensa mayoría de la sociedad

vendar zasebna lastnina zahteva neobstoj kakršne koli lastnine za ogromno večino družbe

En una palabra, nos reprochas que pretendamos acabar con tu propiedad

Z eno besedo, očitate nam, da nameravamo odpraviti vašo lastnino

Y es precisamente así; prescindir de su propiedad es justo lo que pretendemos

In prav tako je; odprava vaše nepremičnine je ravno tisto, kar nameravamo

Desde el momento en que el trabajo ya no puede convertirse en capital, dinero o renta

Od trenutka, ko dela ni več mogoče pretvoriti v kapital, denar ali rento

cuando el trabajo ya no puede convertirse en un poder social capaz de ser monopolizado

ko dela ni več mogoče spremeniti v družbeno moč, ki bi jo bilo mogoče monopolizirati

desde el momento en que la propiedad individual ya no puede transformarse en propiedad burguesa

od trenutka, ko individualne lastnine ni več mogoče preoblikovati v buržoazno lastnino

desde el momento en que la propiedad individual ya no puede transformarse en capital

od trenutka, ko individualne lastnine ni več mogoče preoblikovati v kapital

A partir de ese momento, dices que la individualidad se desvanece

Od tistega trenutka pravite, da individualnost izgine

Debéis confesar, pues, que por "individuo" no os referimos a otra persona que a la burguesía

Zato morate priznati, da z »posameznikom« ne mislite na nikogar drugega kot na buržoazijo

Debes confesar que se refiere específicamente al propietario de una propiedad de clase media

priznati morate, da se posebej nanaša na lastnika nepremičnine srednjega razreda

Esta persona debe, en verdad, ser barrida del camino, y hecha imposible

To osebo je res treba odstraniti s poti in onemogočiti

El comunismo no priva a ningún hombre del poder de apropiarse de los productos de la sociedad

Komunizem nikomur ne odvzame moči, da bi si prisvojil izdelke družbe

todo lo que hace el comunismo es privarlo del poder de subyugar el trabajo de otros por medio de tal apropiación

vse, kar komunizem počne, je, da mu odvzame moč, da bi s takšno prisvojitvijo podredil delo drugih

Se ha objetado que, tras la abolición de la propiedad privada, cesará todo trabajo

Ugovarjali so, da bo z odpravo zasebne lastnine prenehalo vsa dela

y entonces se sugiere que la pereza universal se apoderará de nosotros

in nato se predlaga, da nas bo prehitela univerzalna lenoba
De acuerdo con esto, la sociedad burguesa debería haber ido hace mucho tiempo a los perros por pura ociosidad
V skladu s tem bi morala buržoazna družba že zdavnaj iti k psom zaradi čiste brezdelja
porque los de sus miembros que trabajan, no adquieren nada
ker tisti člani, ki delajo, ne pridobijo ničesar
y los de sus miembros que adquieren algo, no trabajan
in tisti njeni člani, ki karkoli pridobijo, ne delajo
Toda esta objeción no es más que otra expresión de la tautología
Celoten ta ugovor je le še en izraz tavtologije
Ya no puede haber trabajo asalariado cuando ya no hay capital
Ne more več biti plačanega dela, ko ni več kapitala
No hay diferencia entre los productos materiales y los productos mentales
Ni razlike med materialnimi in mentalnimi produkti
El comunismo propone que ambos se producen de la misma manera
Komunizem predlaga, da se oboje proizvede na enak način
pero las objeciones contra los modos comunistas de producirlos son las mismas
vendar so ugovori proti komunističnim načinom njihovega ustvarjanja enaki
para la burguesía, la desaparición de la propiedad de clase es la desaparición de la producción misma
za buržoazijo je izginotje razredne lastnine izginotje same proizvodnje
De modo que la desaparición de la cultura de clase es para él idéntica a la desaparición de toda cultura
Torej je izginotje razredne kulture zanj enako kot izginotje vse kulture

**Esa cultura, cuya pérdida lamenta, es para la inmensa
mayoría un mero entrenamiento para actuar como una
máquina**

Ta kultura, katere izgubo obžaluje, je za veliko večino zgolj
usposabljanje za delovanje kot stroj

**Los comunistas tienen la firme intención de abolir la cultura
de la propiedad burguesa**

Komunisti močno nameravajo odpraviti kulturo buržoazne
lastnine

**Pero no discutan con nosotros mientras apliquen el estándar
de sus nociones burguesas de libertad, cultura, ley, etc**

Toda ne prepirajte se z nami, dokler uporabljate standard
svojih buržoaznih predstav o svobodi, kulturi, zakonodaji itd

**Vuestras mismas ideas no son más que el resultado de las
condiciones de la producción burguesa y de la propiedad
burguesa**

Vaše ideje so le posledica pogojev vaše buržoazne proizvodnje
in buržoazne lastnine

**del mismo modo que vuestra jurisprudencia no es más que
la voluntad de vuestra clase convertida en ley para todos**

tako kot je vaša sodna praksa le volja vašega razreda, ki je
postala zakon za vse

**El carácter esencial y la dirección de esta voluntad están
determinados por las condiciones económicas que crea su
clase social**

Bistveni značaj in smer te volje sta določena z ekonomskimi
pogoji, ki jih ustvarja vaš družbeni razred

**El concepto erróneo egoísta que te induce a transformar las
formas sociales en leyes eternas de la naturaleza y de la
razón**

Sebična napačna predstava, ki vas spodbuja, da družbene
oblike spremenite v večne zakone narave in razuma

**las formas sociales que brotan de vuestro actual modo de
producción y de vuestra forma de propiedad**

družbene oblike, ki izvirajo iz vašega sedanjega načina
proizvodnje in oblike lastnine,

relaciones históricas que surgen y desaparecen en el progreso de la producción

zgodovinski odnosi, ki se dvigajo in izginjajo v napredku proizvodnje

Este concepto erróneo lo compartes con todas las clases dominantes que te han precedido

To napačno prepričanje delite z vsakim vladajočim razredom, ki je bil pred vami

Lo que se ve claramente en el caso de la propiedad antigua, lo que se admite en el caso de la propiedad feudal

Kaj jasno vidite v primeru starodavne lastnine, kaj priznavate v primeru fevdalne lastnine

estas cosas, por supuesto, le está prohibido admitir en el caso de su propia forma burguesa de propiedad

te stvari vam je seveda prepovedano priznati v primeru vaše lastne buržoazne oblike lastnine

¡Abolición de la familia! Hasta los más radicales estallan ante esta infame propuesta de los comunistas

Odprava družine! Celo najbolj radikalni se razplamtijo ob tem zloglasnem predlogu komunistov

¿Sobre qué base se asienta la familia actual, la familia Bourgeoisie?

Na kakšnih temeljih temelji sedanja družina, buržoazna družina?

La base de la familia actual se basa en el capital y la ganancia privada

Temelj sedanje družine temelji na kapitalu in zasebnem dobičku

En su forma completamente desarrollada, esta familia sólo existe entre la burguesía

V svoji popolnoma razviti obliki ta družina obstaja le med buržoazijo

Este estado de cosas encuentra su complemento en la ausencia práctica de la familia entre los proletarios

To stanje stvari najde svoje dopolnilo v praktični odsotnosti družine med proletarci

Este estado de cosas se puede encontrar en la prostitución pública

Takšno stanje stvari je mogoče najti v javni prostituciji

La familia Bourgeoisie se desvanecerá como algo natural cuando su complemento se desvanezca

Buržoazna družina bo izginila kot nekaj samoumevnega, ko bo izginilo njeno dopolnilo

y ambos se desvanecerán con la desaparición del capital

in oboje bo izginilo z izginotjem kapitala

¿Nos acusan de querer detener la explotación de los niños por parte de sus padres?

Ali nas obtožujete, da želimo ustaviti izkoriščanje otrok s strani njihovih staršev?

De este crimen nos declaramos culpables

Za ta zločin priznavamo krivdo

Pero, dirás, destruimos la más sagrada de las relaciones, cuando reemplazamos la educación en el hogar por la educación social

Ampak, rekli boste, uničujemo najbolj svete odnose, ko zamenjamo domačo vzgojo s socialno vzgojo

¿No es también social su educación? ¿Y no está determinado por las condiciones sociales en las que se educa?

Ali vaša izobrazba ni tudi socialna? In ali ni določena s socialnimi razmerami, v katerih izobražujete?

por la intervención, directa o indirecta, de la sociedad, por medio de las escuelas, etc.

z neposrednim ali posrednim posredovanjem družbe, s pomočjo šol itd.

Los comunistas no han inventado la intervención de la sociedad en la educación

Komunisti niso izumili družbenega posredovanja v izobraževanju

lo único que pretenden es alterar el carácter de esa intervención

poskušajo le spremeniti naravo tega posredovanja

y buscan rescatar la educación de la influencia de la clase dominante

in poskušajo rešiti izobraževanje pred vplivom vladajočega razreda

La burguesía habla de la sagrada correlación entre padres e hijos

Buržoazija govori o posvečenem sorazmerju med staršem in otrokom

pero esta trampa sobre la familia y la educación se vuelve aún más repugnante cuando miramos a la industria moderna

toda ta ploskanje o družini in izobrazbi postane še bolj gnusno, ko pogledamo sodobno industrijo

Todos los lazos familiares entre los proletarios son desgarrados por la industria moderna

vse družinske vezi med proletarci so raztrgane zaradi sodobne industrije

Sus hijos se transforman en simples artículos de comercio e instrumentos de trabajo

njihovi otroci se spremenijo v preproste predmete trgovine in delovna orodja

Pero vosotros, los comunistas, creáis una comunidad de mujeres, grita a coro toda la burguesía

Ampak vi komunisti bi ustvarili skupnost žensk, kriči vsa buržoazija v zboru

La burguesía ve en su mujer un mero instrumento de producción

Buržoazija vidi v svoji ženi zgolj orodje za proizvodnjo

Oye que los instrumentos de producción deben ser explotados por todos

Sliši, da morajo proizvodna orodja izkoriščati vsi

Y, naturalmente, no puede llegar a otra conclusión que la de que la suerte de ser común a todos recaerá igualmente en las mujeres

in seveda ne more priti do drugega zaključka, kot da bo usoda skupnega vsem prav tako pripadla ženskam

Ni siquiera sospecha que el verdadero objetivo es acabar con la condición de la mujer como meros instrumentos de producción

Niti ne sumi, da je resnični smisel odpraviti status žensk kot zgolj proizvodnih instrumentov

Por lo demás, nada es más ridículo que la virtuosa indignación de nuestra burguesía contra la comunidad de mujeres

Za ostalo ni nič bolj smešnega kot krepostno ogorčenje naše buržoazije nad skupnostjo žensk

pretenden que sea abierta y oficialmente establecida por los comunistas

pretvarjajo se, da so jo odkrito in uradno ustanovili komunisti

Los comunistas no tienen necesidad de introducir la comunidad de mujeres, ha existido casi desde tiempos inmemoriales

Komunisti nimajo potrebe po uvajanju skupnosti žensk, obstaja skoraj od nekdaj.

Nuestra burguesía no se contenta con tener a su disposición a las mujeres e hijas de sus proletarios

Naša buržoazija ni zadovoljna s tem, da ima na razpolago žene in hčere svojih proletarcev

Tienen el mayor placer en seducir a las esposas de los demás

Najbolj uživajo v zapeljevanju žena drug drugega

Y eso sin hablar de las prostitutas comunes

In to sploh ne omenjam navadnih prostitutk

El matrimonio burgués es en realidad un sistema de esposas en común

Buržoazna poroka je v resnici sistem skupnih žena

entonces hay una cosa que se podría reprochar a los comunistas

potem obstaja ena stvar, ki bi jo komunisti lahko očitali

Desean introducir una comunidad de mujeres abiertamente legalizada

želijo uvesti odkrito legalizirano skupnost žensk

en lugar de una comunidad de mujeres hipócritamente oculta

namesto hinavsko prikrite skupnosti žensk

la comunidad de mujeres que surgen del sistema de producción

skupnost žensk, ki izhaja iz sistema proizvodnje

abolid el sistema de producción y abolid la comunidad de mujeres

odpravite sistem proizvodnje in odpravite skupnost žensk

Se suprime la prostitución pública y la prostitución privada

odpravljena je javna prostitucija in zasebna prostitucija

A los comunistas se les reprocha, además, que desean abolir los países y las nacionalidades

Komunistom se še bolj očita, da želijo ukiniti države in narodnost

Los trabajadores no tienen patria, así que no podemos quitarles lo que no tienen

Delavci nimajo države, zato jim ne moremo vzeti tistega, česar nimajo

El proletariado debe, ante todo, adquirir la supremacía política

Proletariat mora najprej pridobiti politično prevlado

El proletariado debe elevarse para ser la clase dirigente de la nación

Proletariat se mora povzpeti v vodilni razred naroda

El proletariado debe constituirse en la nación

Proletariat se mora ustanoviti kot narod

es, hasta ahora, nacional, aunque no en el sentido burgués de la palabra

zaenkrat je tudi sama nacionalna, čeprav ne v buržoaznem pomenu besede

Las diferencias nacionales y los antagonismos entre los pueblos desaparecen cada día más

Nacionalne razlike in antagonizmi med narodi vsak dan vse bolj izginjajo

debido al desarrollo de la burguesía, a la libertad de comercio, al mercado mundial

zaradi razvoja buržoazije, svobode trgovine, svetovnega trga

a la uniformidad en el modo de producción y en las condiciones de vida correspondientes

do izenačenosti načina proizvodnje in življenjskih pogojev, ki mu ustrezajo

La supremacía del proletariado hará que desaparezcan aún más rápidamente

Prevlada proletariata bo povzročila, da bodo še hitreje izginili

La acción unida, al menos de los principales países civilizados, es una de las primeras condiciones para la emancipación del proletariado

Združeno delovanje, vsaj vodilnih civiliziranih držav, je eden prvih pogojev za emancipacijo proletariata

En la medida en que se ponga fin a la explotación de un individuo por otro, también se pondrá fin a la explotación de una nación por otra.

Sorazmerno z izkoriščanjem enega posameznika s strani drugega se bo končalo, se bo končalo tudi izkoriščanje enega naroda s strani drugega

A medida que desaparezca el antagonismo entre las clases dentro de la nación, la hostilidad de una nación hacia otra llegará a su fin

Sorazmerno s tem, ko bo sovražnost med razredi znotraj naroda izginila, se bo sovražnost enega naroda do drugega končala

Las acusaciones contra el comunismo hechas desde un punto de vista religioso, filosófico y, en general, ideológico, no merecen un examen serio

Obtožbe proti komunizmu z verskega, filozofskega in na splošno z ideološkega stališča si ne zaslužijo resne preučitve

¿Se requiere una intuición profunda para comprender que las ideas, puntos de vista y concepciones del hombre cambian con cada cambio en las condiciones de su existencia material?

Ali je potrebna globoka intuicija, da bi razumeli, da se človekove ideje, pogledi in pojmovanja spreminjajo z vsako spremembo pogojev njegovega materialnega obstoja?

¿No es obvio que la conciencia del hombre cambia cuando cambian sus relaciones sociales y su vida social?

Ali ni očitno, da se človekova zavest spremeni, ko se spremenijo njegovi družbeni odnosi in njegovo družbeno življenje?

¿Qué otra cosa prueba la historia de las ideas sino que la producción intelectual cambia de carácter a medida que cambia la producción material?

Kaj drugega dokazuje zgodovina idej, kot da intelektualna proizvodnja spreminja svoj značaj sorazmerno s spreminjanjem materialne proizvodnje?

Las ideas dominantes de cada época han sido siempre las ideas de su clase dominante

Vladajoče ideje vsake dobe so bile vedno ideje vladajočega razreda

Cuando se habla de ideas que revolucionan la sociedad, no hace más que expresar un hecho

Ko ljudje govorijo o idejah, ki revolucionirajo družbo, izražajo le eno dejstvo

Dentro de la vieja sociedad, se han creado los elementos de una nueva

V stari družbi so bili ustvarjeni elementi nove

y que la disolución de las viejas ideas sigue el mismo ritmo que la disolución de las viejas condiciones de existencia

in da razpad starih idej sledi razkroju starih pogojev obstoja

Cuando el mundo antiguo estaba en sus últimos estertores, las religiones antiguas fueron vencidas por el cristianismo

Ko je bil starodavni svet v zadnjih mukah, je krščanstvo premagalo starodavne religije

Cuando las ideas cristianas sucumbieron en el siglo XVIII a las ideas racionalistas, la sociedad feudal libró su batalla a muerte contra la burguesía revolucionaria de entonces

Ko so krščanske ideje v 18. stoletju podlegle racionalističnim idejam, se je fevdalna družba borila s takratno revolucionarno buržoazijo

Las ideas de la libertad religiosa y de la libertad de conciencia no hacían más que expresar el dominio de la libre competencia en el dominio del conocimiento

Ideje o verski svobodi in svobodi vesti so le izrazile vpliv svobodne konkurence na področju znanja

"Indudablemente", se dirá, "las ideas religiosas, morales, filosóficas y jurídicas se han modificado en el curso del desarrollo histórico"

»Nedvomno,« bo rečeno, »so se verske, moralne, filozofske in pravne ideje med zgodovinskim razvojem spremenile«

"Pero la religión, la filosofía de la moral, la ciencia política y el derecho, sobrevivieron constantemente a este cambio"

"Toda religija, moralna filozofija, politična znanost in pravo so nenehno preživeli to spremembo"

"También hay verdades eternas, como la Libertad, la Justicia, etc."

"Obstajajo tudi večne resnice, kot so svoboda, pravičnost itd."

"Estas verdades eternas son comunes a todos los estados de la sociedad"

"Te večne resnice so skupne vsem družbenim stanjem"

"Pero el comunismo suprime las verdades eternas, suprime toda religión y toda moral"

"Toda komunizem odpravlja večne resnice, odpravlja vso religijo in vso moralo"

"Lo hace en lugar de constituirlos sobre una nueva base"

"to počne, namesto da bi jih sestavil na novi osnovi"

"Por lo tanto, actúa en contradicción con toda la experiencia histórica pasada"

"Zato deluje v nasprotju z vsemi preteklimi zgodovinskimi izkušnjami"

¿A qué se reduce esta acusación?

Na kaj se ta obtožba omejuje?

La historia de toda la sociedad pasada ha consistido en el desarrollo de antagonismos de clase

Zgodovina vse pretekle družbe je bila sestavljena iz razvoja razrednih nasprotij

antagonismos que asumieron diferentes formas en diferentes épocas

antagonizmi, ki so v različnih obdobjih prevzeli različne oblike

Pero cualquiera que sea la forma que hayan tomado, un hecho es común a todas las épocas pasadas

Toda ne glede na to, kakšno obliko so imeli, je eno dejstvo skupno vsem preteklim obdobjem

la explotación de una parte de la sociedad por la otra

izkoriščanje enega dela družbe s strani drugega

No es de extrañar, pues, que la conciencia social de épocas pasadas se mueva dentro de ciertas formas comunes o ideas generales

Zato ni čudno, da se družbena zavest preteklih obdobij giblje znotraj določenih skupnih oblik ali splošnih idej

(y eso a pesar de toda la multiplicidad y variedad que muestra)

(in to kljub vsej raznolikosti in raznolikosti, ki jo prikazuje)

y éstos no pueden desaparecer por completo sino con la desaparición total de los antagonismos de clase

in ti ne morejo popolnoma izginiti, razen s popolnim izginotjem razrednih nasprotij

La revolución comunista es la ruptura más radical con las relaciones tradicionales de propiedad

Komunistična revolucija je najbolj radikalen prelom s tradicionalnimi lastninskimi razmerji

No es de extrañar que su desarrollo implique la ruptura más radical con las ideas tradicionales

Nič čudnega, da njegov razvoj vključuje najbolj radikalen prelom s tradicionalnimi idejami

Pero dejemos de lado las objeciones de la burguesía al comunismo

Toda končajmo z ugovori buržoazije proti komunizmu

Hemos visto más arriba el primer paso de la revolución de la clase obrera

Zgoraj smo videli prvi korak v revoluciji delavskega razreda

Hay que elevar al proletariado a la posición de gobernante, para ganar la batalla de la democracia

Proletariat je treba dvigniti v položaj vladanja, da bi zmagal v bitki za demokracijo

El proletariado utilizará su supremacía política para arrebatar, poco a poco, todo el capital a la burguesía

Proletariat bo uporabil svojo politično prevlado, da bo postopoma iztrgal ves kapital iz buržoazije

centralizará todos los instrumentos de producción en manos del Estado

centralizirala bo vse proizvodne instrumente v rokah države

En otras palabras, el proletariado organizado como clase dominante

z drugimi besedami, proletariat se je organiziral kot vladajoči razred

y aumentará el total de las fuerzas productivas lo más rápidamente posible

in čim hitreje bo povečala skupno proizvodno silo

Por supuesto, al principio, esto no puede llevarse a cabo sino por medio de incursiones despóticas en los derechos de propiedad

Seveda se to na začetku ne more doseči drugače kot z despotskimi posegi v lastninske pravice

y tiene que lograrse en las condiciones de la producción burguesa

in to je treba doseči v pogojih buržoazijske proizvodnje

Por lo tanto, se logra mediante medidas que parecen económicamente insuficientes e insostenibles

To se torej doseže z ukrepi, ki se zdijo ekonomsko nezadostni in nevzdržni

pero estos medios, en el curso del movimiento, se superan a sí mismos

Toda ta sredstva v teku gibanja presegajo sama sebe

Requieren nuevas incursiones en el viejo orden social
zahtevajo nadaljnje posege v stari družbeni red
y son ineludibles como medio de revolucionar por completo el modo de producción
in so neizogibni kot sredstvo za popolno revolucijo načina proizvodnje
Por supuesto, estas medidas serán diferentes en los distintos países
Ti ukrepi se bodo seveda v različnih državah razlikovali
Sin embargo, en los países más avanzados, lo siguiente será de aplicación bastante general
Kljub temu bo v najnaprednejših državah na splošno veljalo naslednje:
1. Abolición de la propiedad de la tierra y aplicación de todas las rentas de la tierra a fines públicos.
1. Odprava premoženja na zemljišču in uporaba vseh najemnin za zemljišča za javne namene.
2. Un fuerte impuesto progresivo o gradual sobre la renta.
2. Velik progresivni ali stopnjevani davek na dohodek.
3. Abolición de todo derecho de herencia.
3. Odprava vsakršne pravice do dedovanja.
4. Confiscación de los bienes de todos los emigrantes y rebeldes.
4. Zaplemba premoženja vseh izseljencev in upornikov.
5. Centralización del crédito en manos del Estado, por medio de un banco nacional de capital estatal y monopolio exclusivo.
5. Centralizacija kreditov v rokah države prek nacionalne banke z državnim kapitalom in izključnim monopolom.
6. Centralización de los medios de comunicación y transporte en manos del Estado.
6. Centralizacija komunikacijskih in prevoznih sredstev v rokah države.
7. Ampliación de fábricas e instrumentos de producción propiedad del Estado

7. Razširitev tovarn in proizvodnih instrumentov v lasti države

la puesta en cultivo de tierras baldías y el mejoramiento del suelo en general de acuerdo con un plan común.

obdelovanje odpadnih zemljišč in izboljšanje tal na splošno v skladu s skupnim načrtom.

8. Igual responsabilidad de todos hacia el trabajo

8. Enaka odgovornost vseh do dela

Establecimiento de ejércitos industriales, especialmente para la agricultura.

Ustanovitev industrijske vojske, zlasti za kmetijstvo.

9. Combinación de la agricultura con las industrias manufactureras

9. Združevanje kmetijstva s predelovalno industrijo

Abolición gradual de la distinción entre la ciudad y el campo, por una distribución más equitativa de la población en todo el país.

postopna odprava razlikovanja med mestom in podeželjem z bolj enakomerno porazdelitvijo prebivalstva po državi.

10. Educación gratuita para todos los niños en las escuelas públicas.

10. Brezplačno izobraževanje za vse otroke v javnih šolah.

Abolición del trabajo infantil en las fábricas en su forma actual

Odprava tovarniškega dela otrok v sedanji obliki

Combinación de la educación con la producción industrial

Kombinacija izobraževanja z industrijsko proizvodnjo

Cuando, en el curso del desarrollo, las distinciones de clase han desaparecido

Ko so med razvojem razredne razlike izginile

y cuando toda la producción se ha concentrado en manos de una vasta asociación de toda la nación

in ko je bila vsa proizvodnja skoncentrirana v rokah širokega združenja celotnega naroda

entonces el poder público perderá su carácter político

Potem bo javna oblast izgubila svoj politični značaj

El poder político, propiamente dicho, no es más que el poder organizado de una clase para oprimir a otra
Politična moč, pravilno imenovana, je le organizirana moč enega razreda za zatiranje drugega
Si el proletariado, en su lucha contra la burguesía, se ve obligado, por la fuerza de las circunstancias, a organizarse como clase
Če je proletariat med svojim tekmovanjem z buržoazijo prisiljen zaradi sile okoliščin organizirati se kot razred
si, por medio de una revolución, se convierte en la clase dominante
če se z revolucijo spremeni v vladajoči razred
y, como tal, barre por la fuerza las viejas condiciones de producción
in kot taka s silo odstrani stare proizvodne pogoje
entonces, junto con estas condiciones, habrá barrido las condiciones para la existencia de los antagonismos de clase y de las clases en general
potem bo skupaj s temi pogoji odstranila pógoje za obstoj razrednih nasprotij in razredov na splošno
y con ello habrá abolido su propia supremacía como clase.
in bo s tem odpravila svojo lastno prevlado kot razred.
En lugar de la vieja sociedad burguesa, con sus clases y sus antagonismos de clase, tendremos una asociación
Namesto stare buržoazne družbe z njenimi razredi in razrednimi nasprotji bomo imeli združenje
una asociación en la que el libre desarrollo de cada uno sea la condición para el libre desarrollo de todos
združenje, v katerem je svoboden razvoj vsakega pogoj za svoboden razvoj vseh

1) Socialismo reaccionario
1) Reakcionarni socializem

a) Socialismo feudal
a) Fevdalni socializem

las aristocracias de Francia e Inglaterra tenían una posición histórica única
aristokracije Francije in Anglije so imele edinstven zgodovinski položaj
se convirtió en su vocación escribir panfletos contra la sociedad burguesa moderna
postala je njihova poklicanost, da pišejo brošure proti sodobni buržoazni družbi
En la Revolución Francesa de julio de 1830 y en la agitación reformista inglesa
V francoski revoluciji julija 1830 in v angleški reformni agitaciji
Estas aristocracias sucumbieron de nuevo ante el odioso advenedizo
Te aristokracije so spet podlegle sovražnemu začetniku
A partir de entonces, una contienda política seria quedó totalmente fuera de discusión
Od takrat naprej resno politično tekmovanje sploh ne pride v poštev
Todo lo que quedaba posible era una batalla literaria, no una batalla real
Vse, kar je ostalo mogoče, je bila literarna bitka, ne dejanska bitka
Pero incluso en el dominio de la literatura, los viejos gritos del período de la restauración se habían vuelto imposibles
Toda tudi na področju literature so stari kriki iz obdobja obnove postali nemogoči
Para despertar simpatías, la aristocracia se vio obligada a perder de vista, aparentemente, sus propios intereses

Da bi vzbudila sočutje, je bila aristokracija prisiljena pozabiti na svoje interese

y se vieron obligados a formular su acusación contra la burguesía en interés de la clase obrera explotada

in morali so oblikovati svojo obtožnico proti buržoaziji v interesu izkoriščanega delavskega razreda

Así, la aristocracia se vengó cantando sátiras a su nuevo amo

Tako se je aristokracija maščevala s petjem posmehov svojemu novemu gospodarju

y se vengaron susurrándole al oído siniestras profecías de catástrofe venidera

in maščevali so se tako, da so mu v ušesa šepetali zloveše prerokbe o prihajajoči katastrofi

De esta manera surgió el socialismo feudal: mitad lamentación, mitad sátira

Tako je nastal fevdalni socializem: napol žalovanje, napol poniževanje

Sonaba como medio eco del pasado y proyectaba mitad amenaza del futuro

odmeval je kot pol odmev preteklosti in napol projiciral grožnjo prihodnosti

a veces, con su crítica amarga, ingeniosa e incisiva, golpeó a la burguesía hasta la médula

včasih je s svojo grenko, duhovito in ostro kritiko udaril buržoazijo do samega srca

pero siempre fue ridículo en su efecto, por su total incapacidad para comprender la marcha de la historia moderna

vendar je bil vedno smešen v svojem učinku, zaradi popolne nezmožnosti, da bi razumel pohod sodobne zgodovine

La aristocracia, con el fin de atraer al pueblo hacia ellos, agitaba la bolsa de limosnas proletaria delante como una bandera

Aristokracija, da bi zbrala ljudstvo, je spredaj mahala s proletarsko miloščino za prapor

Pero el pueblo, tan a menudo como se unía a ellos, veía en sus cuartos traseros los antiguos escudos de armas feudales
Toda ljudstvo je tako pogosto, ko se jim je pridružilo, na zadnjem delu videlo stare fevdalne grbe
y desertaron con carcajadas ruidosas e irreverentes
in dezertirali so z glasnim in nespoštljivim smehom
Un sector de los legitimistas franceses y de la "Joven Inglaterra" exhibió este espectáculo
En del francoskih legitimistov in "Mlade Anglije" je razstavljal ta spektakel
los feudales señalaban que su modo de explotación era diferente al de la burguesía
fevdalisti so poudarili, da je njihov način izkoriščanja drugačen od načina buržoazije
Los feudales olvidan que explotaron en circunstancias y condiciones muy diferentes
Fevdalisti pozabljajo, da so izkoriščali v okoliščinah in pogojih, ki so bili precej drugačni
Y no se dieron cuenta de que tales métodos de explotación ahora son anticuados
In niso opazili, da so takšne metode izkoriščanja zdaj zastarele
demostraron que, bajo su gobierno, el proletariado moderno nunca existió
Pokazali so, da pod njihovo vladavino sodobni proletariat nikoli ni obstajal
pero olvidan que la burguesía moderna es el vástago necesario de su propia forma de sociedad
vendar pozabljajo, da je sodobna buržoazija nujen potomec njihove lastne oblike družbe
Por lo demás, apenas ocultan el carácter reaccionario de su crítica
Za ostalo komaj skrivajo reakcionarni značaj svoje kritike
su principal acusación contra la burguesía es la siguiente
njihova glavna obtožba proti buržoaziji je naslednja
bajo el régimen de la burguesía se está desarrollando una clase social

pod buržoaznim režimom se razvija družbeni razred
Esta clase social está destinada a cortar de raíz el viejo orden de la sociedad
temu družbenemu razredu je usojeno, da razreže korenine in razveje stari družbeni red
Lo que reprochan a la burguesía no es tanto que cree un proletariado
Z čim grajajo buržoazijo, ni toliko to, da ustvarja proletariat
lo que reprochan a la burguesía es más bien que crea un proletariado revolucionario
s čimer grajajo buržoazijo, je še bolj, da ustvarja revolucionarni proletariat
En la práctica política, por lo tanto, se unen a todas las medidas coercitivas contra la clase obrera
V politični praksi se zato pridružujejo vsem prisilnim ukrepom proti delavskemu razredu
Y en la vida ordinaria, a pesar de sus frases altisonantes, se inclinan a recoger las manzanas de oro que caen del árbol de la industria
in v vsakdanjem življenju se kljub svojim vzvišenim stavkom sklonijo, da bi pobrali zlata jabolka, ki so padla z drevesa industrije
y trocan la verdad, el amor y el honor por el comercio de lana, azúcar de remolacha y aguardiente de patata
in menjajo resnico, ljubezen in čast za trgovino z volno, sladkorjem iz rdeče pese in žganjem krompirja
Así como el párroco ha ido siempre de la mano con el terrateniente, así también lo ha hecho el socialismo clerical con el socialismo feudal
Tako kot je župnik vedno šel z roko v roki z lastnikom, je tudi klerikalni socializem s fevdalnim socializmom
Nada es más fácil que dar al ascetismo cristiano un tinte socialista
Nič ni lažjega kot dati krščanskemu asketizmu socialistični pridih

¿No ha declamado el cristianismo contra la propiedad privada, contra el matrimonio, contra el Estado?

Ali ni krščanstvo proti zasebni lastnini, proti poroki, proti državi?

¿No ha predicado el cristianismo en lugar de estos, la caridad y la pobreza?

Ali ni krščanstvo pridigalo namesto teh, ljubezni in revščine?

¿Acaso el cristianismo no predica el celibato y la mortificación de la carne, la vida monástica y la Madre Iglesia?

Ali krščanstvo ne pridiga o celibatu in mrtvičenju mesa, meniškem življenju in materi Cerkvi?

El socialismo cristiano no es más que el agua bendita con la que el sacerdote consagra los ardores del corazón del aristócrata

Krščanski socializem je le sveta voda, s katero duhovnik posvećuje goreče srce aristokrata

b) Socialismo pequeñoburgués
b) Maloburžoazni socializem

La aristocracia feudal no fue la única clase arruinada por la burguesía
Fevdalna aristokracija ni bila edini razred, ki ga je uničila buržoazija
no fue la única clase cuyas condiciones de existencia languidecieron y perecieron en la atmósfera de la sociedad burguesa moderna
ni bil edini razred, katerega pogoji obstoja so hrepeneli in izginili v ozračju sodobne buržoazne družbe
Los burgueses medievales y los pequeños propietarios campesinos fueron los precursores de la burguesía moderna
Srednjeveški meščani in mali kmečki lastniki so bili predhodniki sodobne buržoazije
En los países poco desarrollados, industrial y comercialmente, estas dos clases siguen vegetando una al lado de la otra
V tistih državah, ki so industrijsko in komercialno le malo razvite, ta dva razreda še vedno vegetirata drug ob drugem
y mientras tanto la burguesía se levanta junto a ellos: industrial, comercial y políticamente
medtem pa se poleg njih dvigne buržoazija: industrijsko, komercialno in politično
En los países donde la civilización moderna se ha desarrollado plenamente, se ha formado una nueva clase de pequeña burguesía
V državah, kjer je sodobna civilizacija postala popolnoma razvita, se je oblikoval nov razred drobne buržoazije
esta nueva clase social fluctúa entre el proletariado y la burguesía
ta novi družbeni razred niha med proletariatom in buržoazijo
y siempre se renueva como parte complementaria de la sociedad burguesa
in se vedno obnavlja kot dopolnilni del buržoazne družbe

Sin embargo, los miembros individuales de esta clase son constantemente arrojados al proletariado
Posamezni člani tega razreda pa so nenehno vrženi v proletariat
son absorbidos por el proletariado a través de la acción de la competencia
Proletariat jih sesa z delovanjem konkurence
A medida que la industria moderna se desarrolla, incluso ven acercarse el momento en que desaparecerán por completo como sección independiente de la sociedad moderna
Ko se sodobna industrija razvija, se približuje celo trenutek, ko bodo popolnoma izginili kot neodvisen del sodobne družbe
Serán reemplazados, en las manufacturas, la agricultura y el comercio, por vigilantes, alguaciles y tenderos
v manufakturah, kmetijstvu in trgovini jih bodo nadomestili nadzorniki, sodni izvršitelji in trgovci
En países como Francia, donde los campesinos constituyen mucho más de la mitad de la población
V državah, kot je Francija, kjer kmetje predstavljajo veliko več kot polovico prebivalstva
era natural que hubiera escritores que se pusieran del lado del proletariado contra la burguesía
naravno je bilo, da obstajajo pisatelji, ki so se postavili na stran proletariata proti buržoaziji
en su crítica al régimen burgués utilizaron el estandarte de la pequeña burguesía campesina
v svoji kritiki buržoaznega režima so uporabili standard kmečke in drobne buržoazije
Y desde el punto de vista de estas clases intermedias, toman el garrote de la clase obrera
in s stališča teh vmesnih razredov prevzamejo palico za delavski razred
Así surgió el socialismo pequeñoburgués, del que Sismondi era el jefe de esta escuela, no sólo en Francia, sino también en Inglaterra

Tako je nastal maloburžoazni socializem, katerega vodja je bil
Sismondi v tej šoli, ne samo v Franciji, ampak tudi v Angliji
**Esta escuela del socialismo diseccionó con gran agudeza las
contradicciones de las condiciones de producción moderna**
Ta šola socializma je z veliko ostrino secirala protislovja v
pogojih sodobne proizvodnje
**Esta escuela puso al descubierto las apologías hipócritas de
los economistas**
Ta šola je razkrila hinavska opravičila ekonomistov
**Esta escuela demostró, incontrovertiblemente, los efectos
desastrosos de la maquinaria y de la división del trabajo**
Ta šola je nesporno dokazala katastrofalne učinke strojev in
delitve dela
**Probó la concentración del capital y de la tierra en pocas
manos**
dokazal je koncentracijo kapitala in zemlje v nekaj rokah
**demostró cómo la sobreproducción conduce a las crisis de la
burguesía**
dokazalo je, kako prekomerna proizvodnja vodi v
buržoazijske krize
**señalaba la ruina inevitable de la pequeña burguesía y del
campesino**
opozoril je na neizogiben propad drobne buržoazije in kmetov
**la miseria del proletariado, la anarquía en la producción, las
desigualdades flagrantes en la distribución de la riqueza**
beda proletariata, anarhija v proizvodnji, kričeče neenakosti
pri porazdelitvi bogastva
**Mostró cómo el sistema de producción lidera la guerra
industrial de exterminio entre naciones**
Pokazal je, kako proizvodni sistem vodi industrijsko vojno za
iztrebljanje med narodi
**la disolución de los viejos lazos morales, de las viejas
relaciones familiares, de las viejas nacionalidades**
razpad starih moralnih vezi, starih družinskih odnosov, starih
narodnosti

Sin embargo, en sus objetivos positivos, esta forma de socialismo aspira a lograr una de dos cosas
V svojih pozitivnih ciljih pa si ta oblika socializma prizadeva doseči eno od dveh stvari
o bien pretende restaurar los antiguos medios de producción y de intercambio
ali je njen cilj obnoviti stara proizvodna in menjalna sredstva
y con los viejos medios de producción restauraría las viejas relaciones de propiedad y la vieja sociedad
in s starimi proizvodnimi sredstvi bi obnovila stara lastninska razmerja in staro družbo
o pretende apretar los medios modernos de producción e intercambio en el viejo marco de las relaciones de propiedad
ali pa si prizadeva sodobna proizvodna in menjalna sredstva stisniti v stari okvir lastninskih razmerij
En cualquier caso, es a la vez reaccionario y utópico
V obeh primerih je reakcionarna in utopična
Sus últimas palabras son: gremios corporativos para la manufactura, relaciones patriarcales en la agricultura
Njegove zadnje besede so: korporativni cehi za proizvodnjo, patriarhalni odnosi v kmetijstvu
En última instancia, cuando los obstinados hechos históricos habían dispersado todos los efectos embriagadores del autoengaño
Konec koncev, ko so trmasta zgodovinska dejstva razpršila vse opojne učinke samoprevare
esta forma de socialismo terminó en un miserable ataque de lástima
ta oblika socializma se je končala z bednim napadom usmiljenja

c) Socialismo alemán o "verdadero"
c) nemški ali »pravi« socializem

La literatura socialista y comunista de Francia se originó bajo la presión de una burguesía en el poder
Socialistična in komunistična literatura Francije je nastala pod pritiskom buržoazije na oblasti
Y esta literatura era la expresión de la lucha contra este poder
in ta literatura je bila izraz boja proti tej moči
se introdujo en Alemania en un momento en que la burguesía acababa de comenzar su lucha contra el absolutismo feudal
v Nemčijo je bila uvedena v času, ko je buržoazija šele začela tekmovati s fevdalnim absolutizmom
Los filósofos alemanes, los aspirantes a filósofos y los beaux esprits, se apoderaron con avidez de esta literatura
Nemški filozofi, bodoči filozofi in lepi duhovi so se navdušeno lotili te literature
pero olvidaron que los escritos emigraron de Francia a Alemania sin traer consigo las condiciones sociales francesas
vendar so pozabili, da so se spisi priselili iz Francije v Nemčijo, ne da bi s seboj pripeljali francoske socialne razmere
En contacto con las condiciones sociales alemanas, esta literatura francesa perdió toda su significación práctica inmediata
V stiku z nemškimi družbenimi razmerami je ta francoska literatura izgubila ves svoj neposredni praktični pomen
y la literatura comunista de Francia asumió un aspecto puramente literario en los círculos académicos alemanes
in komunistična literatura Francije je v nemških akademskih krogih prevzela čisto literarni vidik
Así, las exigencias de la primera Revolución Francesa no eran más que las exigencias de la "Razón Práctica"
Tako zahteve prve francoske revolucije niso bile nič drugega kot zahteve »praktičnega razuma«

**y la expresión de la voluntad de la burguesía revolucionaria
francesa significaba a sus ojos la ley de la voluntad pura**

in izrek volje revolucionarne francoske buržoazije je v njihovih
očeh pomenil zakon čiste volje

**significaba la Voluntad tal como estaba destinada a ser; de la
verdadera Voluntad humana en general**

pomenila je voljo, kakršna je morala biti; resnične človeške
volje na splošno

**El mundo de los literatos alemanes consistía únicamente en
armonizar las nuevas ideas francesas con su antigua
conciencia filosófica**

Svet nemških literatov je bil sestavljen izključno iz tega, da so
nove francoske ideje uskladili z njihovo starodavno filozofsko
vestjo

**o mejor dicho, se anexionaron las ideas francesas sin
abandonar su propio punto de vista filosófico**

ali bolje, priključili so francoske ideje, ne da bi zapustili svoje
filozofsko stališče

**Esta anexión se llevó a cabo de la misma manera en que se
apropia una lengua extranjera, es decir, por traducción**

Ta priključitev je bila izvedena na enak način, kot si je
prisvojen tuji jezik, in sicer s prevodom

**Es bien sabido cómo los monjes escribieron vidas tontas de
santos católicos sobre manuscritos**

Znano je, kako so menihi nad rokopisi pisali neumna življenja
katoliških svetnikov

**los manuscritos sobre los que se habían escrito las obras
clásicas del antiguo paganismo**

rokopisi, na katerih so bila napisana klasična dela
starodavnega poganstva

**Los literatos alemanes invirtieron este proceso con la
literatura profana francesa**

Nemški literati so ta proces obrnili s profano francosko
literaturo

Escribieron sus tonterías filosóficas bajo el original francés

Svoj filozofski nesmisel so napisali pod francoskim izvirnikom

Por ejemplo, debajo de la crítica francesa a las funciones económicas del dinero, escribieron "Alienación de la humanidad"

Na primer, pod francosko kritiko ekonomskih funkcij denarja so napisali "Odtujitev človeštva"

debajo de la crítica francesa al Estado burgués escribieron "destronamiento de la categoría de general"

pod francosko kritiko buržoazne države so napisali »detronizacijo kategorije generala«

La introducción de estas frases filosóficas en el reverso de las críticas históricas francesas las denominó:

Uvedba teh filozofskih fraz na zadnji strani francoske zgodovinske kritike, ki so jo poimenovali:

"Filosofía de la acción", "Socialismo verdadero", "Ciencia alemana del socialismo", "Fundamentos filosóficos del socialismo", etc

"Filozofija delovanja", "Pravi socializem", "Nemška znanost socializma", "Filozofski temelji socializma" in tako naprej

De este modo, la literatura socialista y comunista francesa quedó completamente castrada

Francoska socialistična in komunistična literatura je bila tako popolnoma izčrpana

en manos de los filósofos alemanes dejó de expresar la lucha de una clase con la otra

v rokah nemških filozofov je prenehal izražati boj enega razreda z drugim

y así los filósofos alemanes se sintieron conscientes de haber superado la "unilateralidad francesa"

in tako so se nemški filozofi zavedali, da so premagali »francosko enostranskost«

no tenía que representar requisitos verdaderos, sino que representaba requisitos de verdad

ni bilo treba, da predstavlja resnične zahteve, temveč je predstavljal zahteve resnice

no había interés en el proletariado, más bien, había interés en la Naturaleza Humana

ni bilo zanimanja za proletariat, temveč za čl017veško naravo
**el interés estaba en el Hombre en general, que no pertenece
a ninguna clase y no tiene realidad**
zanimanje je bilo za človeka na splošno, ki ne pripada
nobenemu razredu in nima resničnosti
**Un hombre que sólo existe en el brumoso reino de la
fantasía filosófica**
človek, ki obstaja samo v meglenem kraljestvu filozofske
fantazije
**pero con el tiempo este colegial socialismo alemán también
perdió su inocencia pedante**
toda sčasoma je tudi ta šolarski nemški socializem izgubil
svojo pedantno nedolžnost
**la burguesía alemana, y especialmente la burguesía
prusiana, lucharon contra la aristocracia feudal**
nemška buržoazija, zlasti pruska buržoazija, pa se je borila
proti fevdalni aristokraciji.
**la monarquía absoluta de Alemania y Prusia también estaba
siendo combatida**
absolutna monarhija Nemčije in Prusije je bila prav tako proti
**Y a su vez, la literatura del movimiento liberal también se
hizo más seria**
in po drugi strani je tudi literatura liberalnega gibanja postala
bolj resna
**Se le ofreció a Alemania la tan deseada oportunidad del
"verdadero" socialismo**
Nemški dolgo želena priložnost za »pravi« socializem je bila
ponujena
**la oportunidad de confrontar al movimiento político con las
reivindicaciones socialistas**
priložnost za soočenje političnega gibanja s socialističnimi
zahtevami
**la oportunidad de lanzar los anatemas tradicionales contra el
liberalismo**
priložnost za metanje tradicionalnih prekletstev proti
liberalizmu

la oportunidad de atacar al gobierno representativo y a la competencia burguesa

priložnost za napad na predstavniško vlado in buržoazno konkurenco

Libertad de prensa burguesa, Legislación burguesa, Libertad e igualdad burguesa

Buržoazna svoboda tiska, buržoazna zakonodaja, buržoazna svoboda in enakost

Todo esto ahora podría ser criticado en el mundo real, en lugar de en la fantasía

Vse to bi zdaj lahko kritizirali v resničnem svetu, ne pa v fantaziji

La aristocracia feudal y la monarquía absoluta habían predicado durante mucho tiempo a las masas

fevdalna aristokracija in absolutna monarhija sta že dolgo pridigali množicam

"El obrero no tiene nada que perder y tiene todo que ganar"

»Delavec nima ničesar izgubiti in lahko pridobi vse«

el movimiento burgués también ofrecía la oportunidad de hacer frente a estos tópicos

buržoazno gibanje je ponudilo tudi priložnost za soočenje s temi puhlimi besedami

la crítica francesa presuponía la existencia de la sociedad burguesa moderna

francoska kritika je predpostavljala obstoj sodobne buržoazne družbe

Las condiciones económicas de existencia de la burguesía y la constitución política de la burguesía

Buržoazijski ekonomski pogoji obstoja in buržoazna politična ustava

las mismas cosas cuya consecución era el objeto de la lucha pendiente en Alemania

prav tiste stvari, katerih doseganje je bilo predmet nenešenega boja v Nemčiji

El estúpido eco del socialismo alemán abandonó estos objetivos justo a tiempo

Nemški neumni odmev socializma je te cilje opustil ravno ob pravem času

Los gobiernos absolutos tenían sus seguidores de párrocos, profesores, escuderos y funcionarios

Absolutne vlade so imele svoje privržence župnike, profesorje, podeželske veverice in uradnike

el gobierno de la época se enfrentó a los levantamientos de la clase obrera alemana con azotes y balas

takratna vlada je nemške delavske vstaje sprejela s bičanjem in naboji

para ellos este socialismo servía de espantapájaros contra la burguesía amenazadora

zanje je ta socializem služil kot dobrodošlo strašilo proti grozeči buržoaziji

y el gobierno alemán pudo ofrecer un postre dulce después de las píldoras amargas que repartió

nemška vlada pa je lahko ponudila sladko sladico po grenkih tabletah, ki jih je razdelila

este "verdadero" socialismo servía así a los gobiernos como arma para combatir a la burguesía alemana

ta »pravi« socializem je tako služil vladam kot orožje za boj proti nemški buržoaziji

y, al mismo tiempo, representaba directamente un interés reaccionario; la de los filisteos alemanes

hkrati pa je neposredno predstavljal reakcionarni interes; Nemški Filistejci

En Alemania, la pequeña burguesía es la verdadera base social del actual estado de cosas

V Nemčiji je razred drobne buržoazije resnična družbena osnova obstoječega stanja stvari

Una reliquia del siglo XVI que ha ido surgiendo constantemente bajo diversas formas

relikvija šestnajstega stoletja, ki se nenehno pojavlja v različnih oblikah

Preservar esta clase es preservar el estado de cosas existente en Alemania

Ohraniti ta razred pomeni ohraniti obstoječe stanje v Nemčiji
La supremacía industrial y política de la burguesía amenaza a la pequeña burguesía con una destrucción segura
Industrijska in politična prevlada buržoazije grozi drobni buržoaziji z gotovim uničenjem
por un lado, amenaza con destruir a la pequeña burguesía a través de la concentración del capital
po eni strani grozi, da bo s koncentracijo kapitala uničila drobno buržoazijo
por otra parte, la burguesía amenaza con destruirla mediante el ascenso de un proletariado revolucionario
po drugi strani pa buržoazija grozi, da jo bo uničila z vzponom revolucionarnega proletariata
El "verdadero" socialismo parecía matar estos dos pájaros de un tiro. Se extendió como una epidemia
Zdi se, da je "pravi" socializem ubil ti dve ptici z enim kamnom. Razširila se je kot epidemija
El manto de telarañas especulativas, bordado con flores de retórica, empapado en el rocío de un sentimiento enfermizo
Obleka špekulativne pajčevine, vezena s cvetovi retorike, prežeta z roso bolnih čustev
esta túnica trascendental en la que los socialistas alemanes envolvían sus tristes "verdades eternas"
ta transcendentalna obleka, v katero so nemški socialisti zavili svoje žalostne »večne resnice«
toda la piel y los huesos, sirvieron para aumentar maravillosamente la venta de sus productos entre un público tan
vso kožo in kosti, ki so čudovito povečale prodajo njihovega blaga med takšno javnostjo
Y por su parte, el socialismo alemán reconocía, cada vez más, su propia vocación
Nemški socializem pa je vedno bolj priznaval svoj poklic
estaba llamado a ser el grandilocuente representante de la pequeña burguesía filistea

imenovali so ga, da je bombastični predstavnik
maloburžoaznega filistejca
**Proclamaba que la nación alemana era la nación modelo, y
que el pequeño filisteo alemán era el hombre modelo**
Nemški narod je razglasil za vzorni narod in nemškega
drobnega Filistejca za vzornega človeka
**A cada maldad malvada de este hombre modelo le daba una
interpretación socialista oculta y superior**
Vsaki zlobni zlobnosti tega vzornega človeka je dala skrito,
višjo, socialistično razlago
**esta interpretación socialista superior era exactamente lo
contrario de su carácter real**
ta višja, socialistična razlaga je bila ravno nasprotje njenega
resničnega značaja
**Llegó al extremo de oponerse directamente a la tendencia
"brutalmente destructiva" del comunismo**
Šel je do skrajnosti, da je neposredno nasprotoval "brutalno
uničujoči" težnji komunizma
**y proclamó su supremo e imparcial desprecio de todas las
luchas de clases**
in razglasil je svoj vrhovni in nepristranski prezir do vseh
razrednih bojev
**Con muy pocas excepciones, todas las publicaciones
llamadas socialistas y comunistas que ahora (1847) circulan
en Alemania pertenecen al dominio de esta literatura sucia y
enervante**
Z zelo redkimi izjemami vse tako imenovane socialistične in
komunistične publikacije, ki zdaj (1847) krožijo po Nemčiji,
spadajo v domeno te umazane in izčrpavajoče literature

2) Socialismo conservador o socialismo burgués
2) konservativni socializem ali buržoazijski socializem

Una parte de la burguesía está deseosa de reparar los agravios sociales
Del buržoazije si želi odpraviti družbene zamere
con el fin de asegurar la continuidad de la sociedad burguesa
da bi zagotovili nadaljnji obstoj buržoazne družbe
A esta sección pertenecen economistas, filántropos, humanistas
V to poglavje spadajo ekonomisti, filantropi, človekoljubci
mejoradores de la condición de la clase obrera y organizadores de la caridad
izboljševalci položaja delavskega razreda in organizatorji dobrodelnosti
Miembros de las Sociedades para la Prevención de la Crueldad contra los Animales
člani društev za preprečevanje krutosti do živali
fanáticos de la templanza, reformadores de todo tipo imaginable
fanatiki zmernosti, reformatorji lukenj in vogalov vseh možnih vrst
Esta forma de socialismo, además, ha sido elaborada en sistemas completos
Poleg tega je bila ta oblika socializma razvita v popolne sisteme
Podemos citar la "Philosophie de la Misère" de Proudhon como ejemplo de esta forma
Kot primer te oblike lahko navedemo Proudhonovo "Philosophie de la Misère"
La burguesía socialista quiere todas las ventajas de las condiciones sociales modernas
Socialistična buržoazija želi vse prednosti sodobnih družbenih razmer

pero la burguesía socialista no quiere necesariamente las luchas y los peligros resultantes
vendar socialistična buržoazija ne želi nujno posledičnih bojev in nevarnosti
Desean el estado actual de la sociedad, menos sus elementos revolucionarios y desintegradores
Želijo si obstoječega stanja družbe, brez njenih revolucionarnih in razpadajočih elementov
en otras palabras, desean una burguesía sin proletariado
z drugimi besedami, želijo buržoazijo brez proletariata
La burguesía concibe naturalmente el mundo en el que es supremo ser el mejor
Buržoazija si naravno dojema svet, v katerem je najvišja biti najboljša
y el socialismo burgués desarrolla esta cómoda concepción en varios sistemas más o menos completos
in buržoazijski socializem razvija to udobno pojmovanje v različne bolj ali manj popolne sisteme
les gustaría mucho que el proletariado marchara directamente hacia la Nueva Jerusalén social
zelo bi si želeli, da bi proletariat takoj vkorakal v socialni Novi Jeruzalem
pero en realidad requiere que el proletariado permanezca dentro de los límites de la sociedad existente
v resnici pa zahteva, da proletariat ostane v mejah obstoječe družbe
piden al proletariado que abandone todas sus ideas odiosas sobre la burguesía
od proletariata zahtevajo, naj zavrže vse njihove sovražne ideje o buržoaziji
hay una segunda forma más práctica, pero menos sistemática, de este socialismo
obstaja še druga, bolj praktična, vendar manj sistematična oblika tega socializma
Esta forma de socialismo buscaba despreciar todo movimiento revolucionario a los ojos de la clase obrera

Ta oblika socializma je poskušala razvrednotiti vsako
revolucionarno gibanje v očeh delavskega razreda
**Argumentan que ninguna mera reforma política podría ser
ventajosa para ellos**
trdijo, da jim nobena politična reforma ne bi mogla biti
koristna
**Sólo un cambio en las condiciones materiales de existencia
en las relaciones económicas es beneficioso**
koristi le sprememba materialnih pogojev obstoja v
gospodarskih odnosih
**Al igual que el comunismo, esta forma de socialismo aboga
por un cambio en las condiciones materiales de existencia**
Tako kot komunizem se tudi ta oblika socializma zavzema za
spremembo materialnih pogojev obstoja
**sin embargo, esta forma de socialismo no sugiere en modo
alguno la abolición de las relaciones de producción
burguesas**
vendar ta oblika socializma nikakor ne kaže na odpravo
buržoaznih proizvodnih razmerij
**la abolición de las relaciones de producción burguesas sólo
puede lograrse mediante una revolución**
odpravo buržoaznih proizvodnih odnosov je mogoče doseči le
z revolucijo
**Pero en lugar de una revolución, esta forma de socialismo
sugiere reformas administrativas**
Toda namesto revolucije ta oblika socializma predlaga
upravne reforme
**y estas reformas administrativas se basarían en la
continuidad de estas relaciones**
in te upravne reforme bi temeljile na nadaljnjem obstoju teh
odnosov
**reformas, por lo tanto, que no afectan en ningún aspecto a
las relaciones entre el capital y el trabajo**
reforme, ki torej v nobenem pogledu ne vplivajo na odnose
med kapitalom in delom

en el mejor de los casos, tales reformas disminuyen el costo y simplifican el trabajo administrativo del gobierno burgués
v najboljšem primeru takšne reforme zmanjšajo stroške in poenostavijo upravno delo buržoazne vlade

El socialismo burgués alcanza una expresión adecuada cuando, y sólo cuando, se convierte en una mera figura retórica
Buržoazni socializem doseže ustrezen izraz, ko in samo takrat, ko postane zgolj govorna figura

Libre comercio: en beneficio de la clase obrera
Prosta trgovina: v korist delavskega razreda

Deberes protectores: en beneficio de la clase obrera
Zaščitne dolžnosti: v korist delavskega razreda

Reforma Penitenciaria: en beneficio de la clase trabajadora
Reforma zaporov: v korist delavskega razreda

Esta es la última palabra y la única palabra seria del socialismo burgués
To je zadnja beseda in edina resno mišljena beseda buržoaznega socializma

Se resume en la frase: la burguesía es una burguesía en beneficio de la clase obrera
Povzeto je v stavku: buržoazija je buržoazija v korist delavskega razreda

3) Socialismo crítico-utópico y comunismo
3) Kritično-utopični socializem in komunizem

No nos referimos aquí a esa literatura que siempre ha dado voz a las reivindicaciones del proletariado
Tukaj se ne sklicujemo na tisto literaturo, ki je vedno dajala glas zahtevam proletariata
esto ha estado presente en todas las grandes revoluciones modernas, como los escritos de Babeuf y otros
to je bilo prisotno v vsaki veliki sodobni revoluciji, kot so spisi Babeufa in drugih
Las primeras tentativas directas del proletariado para alcanzar sus propios fines fracasaron necesariamente
Prvi neposredni poskusi proletariata, da bi dosegel svoje cilje, so nujno propadli
Estos intentos se hicieron en tiempos de excitación universal, cuando la sociedad feudal estaba siendo derrocada
Ti poskusi so bili narejeni v času vsesplošnega vznemirjenja, ko je bila fevdalna družba strmoglavljena
El entonces subdesarrollado del proletariado llevó a que fracasaran esos intentos
Takrat nerazvito stanje proletariata je pripeljalo do neuspeha teh poskusov
y fracasaron por la ausencia de las condiciones económicas para su emancipación
in propadli so zaradi odsotnosti gospodarskih pogojev za njegovo emancipacijo
condiciones que aún no se habían producido, y que sólo podían ser producidas por la inminente época de la burguesía
pogoji, ki jih je bilo treba še ustvariti in bi jih lahko ustvarila samo bližajoča se buržoazna doba
La literatura revolucionaria que acompañó a estos primeros movimientos del proletariado tuvo necesariamente un carácter reaccionario

Revolucionarna literatura, ki je spremljala ta prva gibanja
proletariata, je imela nujno reakcionarni značaj
**Esta literatura inculcó el ascetismo universal y la nivelación
social en su forma más cruda**
Ta literatura je vcepila univerzalno askezo in družbeno
izravnavo v svoji najbolj surovi obliki
**Los sistemas socialista y comunista, propiamente dichos,
surgen en el período temprano no desarrollado**
Socialistični in komunistični sistemi, pravilno imenovani, so
nastali v zgodnjem nerazvitem obdobju
**Saint-Simon, Fourier, Owen y otros, describieron la lucha
entre el proletariado y la burguesía (ver sección 1)**
Saint-Simon, Fourier, Owen in drugi so opisali boj med
proletariatom in buržoazijo (glej 1. poglavje)
**Los fundadores de estos sistemas ven, en efecto, los
antagonismos de clase**
Ustanovitelji teh sistemov dejansko vidijo razredne
antagonizme
**también ven la acción de los elementos en descomposición,
en la forma predominante de la sociedad**
vidijo tudi delovanje razpadajočih elementov v prevladujoči
obliki družbe
**Pero el proletariado, todavía en su infancia, les ofrece el
espectáculo de una clase sin ninguna iniciativa histórica**
Toda proletariat, ki je še v povojih, jim ponuja spektakel
razreda brez kakršne koli zgodovinske pobude
**Ven el espectáculo de una clase social sin ningún
movimiento político independiente**
vidijo spektakel družbenega razreda brez kakršnega koli
neodvisnega političnega gibanja
**El desarrollo del antagonismo de clase sigue el mismo ritmo
que el desarrollo de la industria**
Razvoj razrednega antagonizma je v koraku z razvojem
industrije

De modo que la situación económica no les ofrece todavía las condiciones materiales para la emancipación del proletariado

tako jim gospodarske razmere še ne ponujajo materialnih pogojev za osvoboditev proletariata

Por lo tanto, buscan una nueva ciencia social, nuevas leyes sociales, que creen estas condiciones

Zato iščejo novo družboslovje, nove družbene zakone, ki naj bi ustvarili te pogoje

acción histórica es ceder a su acción inventiva personal

zgodovinsko dejanje je popustiti svojemu osebnemu inventivnemu delovanju

Las condiciones de emancipación creadas históricamente han de ceder ante condiciones fantásticas

zgodovinsko ustvarjeni pogoji emancipacije naj bi se vdali fantastičnim pogojem

y la organización gradual y espontánea de clase del proletariado debe ceder ante la organización de la sociedad

in postopna, spontana razredna organizacija proletariata se mora vdati organizaciji družbe

la organización de la sociedad especialmente ideada por estos inventores

organizacijo družbe, ki so jo posebej ustvarili ti izumitelji

La historia futura se resuelve, a sus ojos, en la propaganda y en la realización práctica de sus planes sociales

Prihodnja zgodovina se v njihovih očeh razreši v propagandi in praktičnem izvajanju njihovih družbenih načrtov

En la formación de sus planes son conscientes de preocuparse principalmente por los intereses de la clase obrera

Pri oblikovanju svojih načrtov se zavedajo, da skrbijo predvsem za interese delavskega razreda

Sólo desde el punto de vista de ser la clase más sufriente existe el proletariado para ellos

Samo z vidika najbolj trpečega razreda proletariat obstaja zanje

El estado subdesarrollado de la lucha de clases y su propio entorno informan sus opiniones

Nerazvito stanje razrednega boja in njihova lastna okolica oblikujeta njihova mnenja

Los socialistas de este tipo se consideran muy superiores a todos los antagonismos de clase

Socialisti te vrste se imajo za veliko boljše od vseh razrednih nasprotij

Quieren mejorar la condición de todos los miembros de la sociedad, incluso la de los más favorecidos

Želijo izboljšati položaj vsakega člana družbe, tudi tistega najbolj privilegiranega

De ahí que habitualmente atraigan a la sociedad en general, sin distinción de clase

Zato običajno nagovarjajo družbo na splošno, brez razlikovanja razreda

Es más, apelan a la sociedad en general con preferencia a la clase dominante

ne, nagovarjajo družbo na splošno z dajanjem prednosti vladajočemu razredu

Para ellos, todo lo que se requiere es que los demás entiendan su sistema

Za njih je vse, kar potrebuje, da drugi razumejo njihov sistem

Porque, ¿cómo puede la gente no ver que el mejor plan posible es para el mejor estado posible de la sociedad?

Kajti kako lahko ljudje ne vidijo, da je najboljši možni načrt za najboljše možno stanje družbe?

Por lo tanto, rechazan toda acción política, y especialmente toda acción revolucionaria

Zato zavračajo vsa politična in še posebej vsa revolucionarna dejanja

desean alcanzar sus fines por medios pacíficos

svoje cilje želijo doseči z miroljubnimi sredstvi

se esfuerzan, mediante pequeños experimentos, que están necesariamente condenados al fracaso

prizadevajo si z majhnimi poskusi, ki so nujno obsojeni na
neuspeh
**y con la fuerza del ejemplo tratan de abrir el camino al
nuevo Evangelio social**
in z zgledom poskušajo tlakovati pot novemu družbenemu
evangeliju
**Cuadros tan fantásticos de la sociedad futura, pintados en un
momento en que el proletariado se encuentra todavía en un
estado muy subdesarrollado**
Takšne fantastične slike prihodnje družbe, naslikane v času,
ko je proletariat še vedno v zelo nerazvitem stanju
**y todavía no tiene más que una concepción fantástica de su
propia posición**
in še vedno ima le fantastično predstavo o svojem položaju
**pero sus primeros anhelos instintivos corresponden a los
anhelos del proletariado**
toda njihova prva instinktivna hrepenenja ustrezajo
hrepenenju proletariata
Ambos anhelan una reconstrucción general de la sociedad
oba hrepenita po splošni obnovi družbe
**Pero estas publicaciones socialistas y comunistas también
contienen un elemento crítico**
Toda te socialistične in komunistične publikacije vsebujejo
tudi kritični element
Atacan todos los principios de la sociedad existente
Napadajo vsa načela obstoječe družbe
**De ahí que estén llenos de los materiales más valiosos para
la ilustración de la clase obrera**
Zato so polni najdragocenejših materialov za razsvetljenje
delavskega razreda
**Proponen la abolición de la distinción entre la ciudad y el
campo, y la familia**
predlagajo odpravo razlike med mestom in podeželjem ter
družino
**la supresión de la explotación de industrias por cuenta de los
particulares**

odprava opravljanja dejavnosti za račun posameznikov
**y la abolición del sistema salarial y la proclamación de la
armonía social**
in odprava plačnega sistema in razglasitev družbene
harmonije
**la conversión de las funciones del Estado en una mera
superintendencia de la producción**
preoblikovanje funkcij države v zgolj nadzor nad proizvodnjo
**Todas estas propuestas, apuntan únicamente a la
desaparición de los antagonismos de clase**
Vsi ti predlogi kažejo izključno na izginotje razrednih
antagonizmov
**Los antagonismos de clase estaban, en ese momento, apenas
surgiendo**
razredni antagonizmi so se takrat šele pojavljali
**En estas publicaciones estos antagonismos de clase se
reconocen sólo en sus formas más tempranas, indistintas e
indefinidas**
V teh publikacijah so ti razredni antagonizmi prepoznani le v
svojih najzgodnejših, nejasnih in neopredeljenih oblikah
**Estas propuestas, por lo tanto, son de carácter puramente
utópico**
Ti predlogi so torej povsem utopičnega značaja
**La importancia del socialismo crítico-utópico y del
comunismo guarda una relación inversa con el desarrollo
histórico**
Pomen kritično-utopičnega socializma in komunizma je v
obratnem razmerju z zgodovinskim razvojem
**La lucha de clases moderna se desarrollará y continuará
tomando forma definitiva**
Sodobni razredni boj se bo razvijal in še naprej dobival
dokončno obliko
**Esta fantástica posición del concurso perderá todo valor
práctico**
Ta fantastična uvrstitev na tekmovanju bo izgubila vso
praktično vrednost

Estos fantásticos ataques a los antagonismos de clase perderán toda justificación teórica

Ti fantastični napadi na razredne antagonizme bodo izgubili vso teoretično utemeljitev

Los creadores de estos sistemas fueron, en muchos aspectos, revolucionarios

Začetniki teh sistemov so bili v mnogih pogledih revolucionarni

pero sus discípulos han formado, en todos los casos, meras sectas reaccionarias

toda njihovi učenci so v vsakem primeru oblikovali zgolj reakcionarne sekte

Se aferran firmemente a los puntos de vista originales de sus amos

Trdno se držijo prvotnih pogledov svojih gospodarjev

Pero estos puntos de vista se oponen al desarrollo histórico progresivo del proletariado

Toda ti pogledi so v nasprotju s progresivnim zgodovinskim razvojem proletariata

Por lo tanto, se esfuerzan, y eso de manera consecuente, por amortiguar la lucha de clases

Zato si prizadevajo, in to dosledno, umrtviti razredni boj

y se esfuerzan constantemente por reconciliar los antagonismos de clase

in dosledno si prizadevajo za uskladitev razrednih nasprotij

Todavía sueñan con la realización experimental de sus utopías sociales

Še vedno sanjajo o eksperimentalni realizaciji svojih družbenih utopij

todavía sueñan con fundar "falansterios" aislados y establecer "colonias domésticas"

še vedno sanjajo o ustanovitvi izoliranih »falansterjev« in ustanavljanju »domačih kolonij«

sueñan con establecer una "Pequeña Icaria": ediciones duodécimas de la Nueva Jerusalén

sanjajo o ustanovitvi "Male Ikarije" – duodecimo izdaje
Novega Jeruzalema
y sueñan con realizar todos estos castillos en el aire
in sanjajo, da bi uresničili vse te gradove v zraku
se ven obligados a apelar a los sentimientos y a las carteras
de los burgueses
prisiljeni so se sklicevati na občutke in denarnice buržoazije
Poco a poco se hunden en la categoría de los socialistas
conservadores reaccionarios descritos anteriormente
Postopoma se potopijo v kategorijo reakcionarnih
konservativnih socialistov, ki so opisani zgoraj
sólo se diferencian de ellos por una pedantería más
sistemática
Od teh se razlikujejo le po bolj sistematičnem pedantizmu
y se diferencian por su creencia fanática y supersticiosa en
los efectos milagrosos de su ciencia social
in razlikujejo se po fanatični in vraževerni veri v čudežne
učinke njihove družbene znanosti
Por lo tanto, se oponen violentamente a toda acción política
por parte de la clase obrera
Zato nasilno nasprotujejo vsakršnemu političnemu delovanju
delavskega razreda
tal acción, según ellos, sólo puede ser el resultado de una
ciega incredulidad en el nuevo Evangelio
takšno dejanje je po njihovem mnenju lahko le posledica slepe
nevere v novi evangelij
Los owenistas en Inglaterra y los fourieristas en Francia,
respectivamente, se oponen a los cartistas y a los reformistas
Oweniti v Angliji in fourieristi v Franciji nasprotujejo
chartistom in »réformistes«

Posición de los comunistas en relación con los diversos
partidos de oposición existentes
Stališče komunistov do različnih obstoječih nasprotnih strank

**La sección II ha dejado claras las relaciones de los
comunistas con los partidos obreros existentes**
Oddelek II je razjasnil odnos komunistov do obstoječih
delavskih strank
**como los cartistas en Inglaterra y los reformadores agrarios
en América**
kot so chartisti v Angliji in agrarni reformatorji v Ameriki
**Los comunistas luchan por el logro de los objetivos
inmediatos**
Komunisti se borijo za doseganje neposrednih ciljev
**Luchan por la imposición de los intereses momentáneos de
la clase obrera**
Borijo se za uveljavljanje trenutnih interesov delavskega
razreda
**Pero en el movimiento político del presente, también
representan y cuidan el futuro de ese movimiento**
Toda v političnem gibanju sedanjosti predstavljajo in skrbijo
tudi za prihodnost tega gibanja
En Francia, los comunistas se alían con los socialdemócratas
V Franciji se komunisti povezujejo s socialdemokrati
y se posicionan contra la burguesía conservadora y radical
in se postavljajo proti konservativni in radikalni buržoaziji
**sin embargo, se reservan el derecho de tomar una posición
crítica respecto de las frases e ilusiones tradicionalmente
transmitidas desde la gran Revolución**
vendar si pridržujejo pravico, da zavzamejo kritično stališče v
zvezi s frazami in iluzijami, ki so se tradicionalno prenašale iz
velike revolucije
**En Suiza apoyan a los radicales, sin perder de vista que este
partido está formado por elementos antagónicos**

V Švici podpirajo radikalce, ne da bi pri tem pozabili na dejstvo, da je ta stranka sestavljena iz antagonističnih elementov

en parte de los socialistas democráticos, en el sentido francés, en parte de la burguesía radical

deloma demokratičnih socialistov v francoskem smislu, deloma radikalne buržoazije

En Polonia apoyan al partido que insiste en la revolución agraria como condición primordial para la emancipación nacional

Na Poljskem podpirajo stranko, ki vztraja pri agrarni revoluciji kot glavnem pogoju za nacionalno emancipacijo

el partido que fomentó la insurrección de Cracovia en 1846

tisti stranki, ki je leta 1846 spodbudila vstajo v Krakovu

En Alemania luchan con la burguesía cada vez que ésta actúa de manera revolucionaria

V Nemčiji se borijo z buržoazijo, kadar ta deluje na revolucionaren način

contra la monarquía absoluta, la nobleza feudal y la pequeña burguesía

proti absolutni monarhiji, fevdalni veverici in drobni buržoaziji

Pero no cesan, ni por un solo instante, de inculcar en la clase obrera una idea particular

Vendar nikoli ne prenehajo, niti za trenutek, vcepiti delavskemu razredu eno posebno idejo

el reconocimiento más claro posible del antagonismo hostil entre la burguesía y el proletariado

najjasnejše možno priznanje sovražnega antagonizma med buržoazijo in proletariatom

para que los obreros alemanes puedan utilizar inmediatamente las armas de que disponen

tako da lahko nemški delavci takoj uporabijo orožje, ki jim je na voljo

las condiciones sociales y políticas que la burguesía debe introducir necesariamente junto con su supremacía

družbene in politične razmere, ki jih mora buržoazija nujno uvesti skupaj s svojo prevlado

la caída de las clases reaccionarias en Alemania es inevitable

padec reakcionarnih razredov v Nemčiji je neizogiben

y entonces la lucha contra la burguesía misma puede comenzar inmediatamente

in takrat se lahko takoj začne boj proti sami buržoaziji

Los comunistas dirigen su atención principalmente a Alemania, porque este país está en vísperas de una revolución burguesa

Komunisti usmerjajo svojo pozornost predvsem na Nemčijo, ker je ta država na predvečer buržoazne revolucije

una revolución que está destinada a llevarse a cabo en las condiciones más avanzadas de la civilización europea

revolucija, ki se bo zagotovo izvedla v naprednejših pogojih evropske civilizacije

y está destinado a llevarse a cabo con un proletariado mucho más desarrollado

in zagotovo se bo izvajala z veliko bolj razvitim proletariatom

un proletariado más avanzado que el de Inglaterra en el XVII y el de Francia en el siglo XVIII

proletariat, ki je bil naprednejši od angleškega v sedemnajstem stoletju, in Francije v osemnajstem stoletju

y porque la revolución burguesa en Alemania no será más que el preludio de una revolución proletaria inmediatamente posterior

in ker bo buržoazna revolucija v Nemčiji le uvod v proletarsko revolucijo, ki bo takoj sledila

En resumen, los comunistas apoyan en todas partes todo movimiento revolucionario contra el orden social y político existente

Skratka, komunisti povsod podpirajo vsako revolucionarno gibanje proti obstoječemu družbenemu in političnemu redu stvari

En todos estos movimientos ponen en primer plano, como cuestión principal en cada uno de ellos, la cuestión de la propiedad

V vseh teh gibanjih prinašajo v ospredje, kot vodilno vprašanje v vsakem od njih, vprašanje lastnine

no importa cuál sea su grado de desarrollo en ese país en ese momento

ne glede na stopnjo razvoja v tej državi v tistem času

Finalmente, trabajan en todas partes por la unión y el acuerdo de los partidos democráticos de todos los países

Končno si povsod prizadevajo za združitev in soglasje demokratičnih strank vseh držav

Los comunistas desdeñan ocultar sus puntos de vista y sus objetivos

Komunisti prezirajo prikrivanje svojih pogledov in ciljev

Declaran abiertamente que sus fines sólo pueden alcanzarse mediante el derrocamiento por la fuerza de todas las condiciones sociales existentes

Odkrito izjavljajo, da je njihove cilje mogoče doseči le s prisilnim strmoglavljenjem vseh obstoječih družbenih razmer

Que las clases dominantes tiemblen ante una revolución comunista

Naj vladajoči razredi tresejo pred komunistično revolucijo

Los proletarios no tienen nada que perder más que sus cadenas

Proletarci nimajo ničesar izgubiti, razen svojih verig

Tienen un mundo que ganar

Imajo svet za zmago

¡TRABAJADORES DE TODOS LOS PAÍSES, UNÍOS!

DELAVCI VSEH DEŽEL, ZDRUŽITE SE!

www.ingramcontent.com/pod-product-compliance
Lightning Source LLC
Chambersburg PA
CBHW011741020426
42333CB00024B/2990